本书受到国家社科基金项目"中国(上海)自由贸易试验区服务业负面清单管理模式研究"(项目编号：14CJY003)、中国博士后科学基金第61批资助项目（编号：2017M611095）的资助。

智库 中社 国家智库报告 2018（15） National Think Tank

经 济

贸易便利化、经贸发展与中国的改革实践

谢谦 著

TRADE FACILITATION, ECONOMIC DEVELOPMENT AND
PRACTICE OF CHINA'S REFORM

中国社会科学出版社

图书在版编目 (CIP) 数据

贸易便利化、经贸发展与中国的改革实践／谢谦著 . —北京：中国
社会科学出版社，2018.6
（国家智库报告）
ISBN 978 - 7 - 5203 - 2401 - 4

Ⅰ.①贸…　Ⅱ.①谢…　Ⅲ.①国际贸易—研究—中国
Ⅳ.①F752

中国版本图书馆 CIP 数据核字（2018）第 085166 号

出 版 人	赵剑英
项目统筹	王　茵
责任编辑	喻　苗
责任校对	朱妍洁
责任印制	李寡寡

出　　版	中国社会科学出版社
社　　址	北京鼓楼西大街甲 158 号
邮　　编	100720
网　　址	http://www.csspw.cn
发 行 部	010 - 84083685
门 市 部	010 - 84029450
经　　销	新华书店及其他书店

印刷装订	北京君升印刷有限公司
版　　次	2018 年 6 月第 1 版
印　　次	2018 年 6 月第 1 次印刷

开　　本	787 × 1092　1/16
印　　张	9.75
插　　页	2
字　　数	101 千字
定　　价	45.00 元

凡购买中国社会科学出版社图书，如有质量问题请与本社营销中心联系调换
电话：010 - 84083683

摘要：《贸易便利化协定》的正式生效和自贸试验区贸易监管模式的创新变革，对中国贸易便利化的发展提出更高的要求。贸易便利化水平的提升对于国际贸易、经济增长、市场整合、就业等方面具有显著的促进和溢出效应。本书对各国的贸易便利化水平进行了比较，总体而言，中国贸易便利化水平不高，在通关效率、边境管理等方面还有较大的提升空间。本书在对每一条具体的改革试点经验进行整理和分析的基础上发现：当前中国自由贸易试验区通过体制性、政策性改革，初步建立了符合国际高标准的贸易便利化体制；通过工作机制性改革，逐步形成了自主改革的贸易便利化工作协调机制；通过技术性改革，不断完善以信息化支撑的贸易便利化通关模式。此外，我们分析了当前中国自贸区贸易便利化改革存在的问题并提出相应的政策建议。

关键词：贸易便利化，自由贸易试验区，经济增长，国际贸易

Abstract: The implementation of *the Trade Facilitation Agreement* (TFA) and the regulation innovations of the Pilot Free Trade Zones (PFTZs) raise new requirements to trade facilitation of China. The improvement of trade facilitation will promote the development of international trade, economic growth, market integration and employment. Firstly, the book compares the situations of trade facilitation of most countries in the world, and finds that trade facilitation of China have still much space to improve, such as in clearance processes and border management. Then, it analyzes many specific practices of PFTZs organized by the study. It finds that China has built an institution of trade facilitation that conform to international standard by institution and policy reform. It also finds that China has built a coordination mechanism of trade facilitation by working mechanism reform. It still finds that China has improved customs clearance mode of trade facilitation with constructing information system by technology reform. Finally, it finds some problems in the reform of trade facilitation and gives some policy recommendations of PFTZs.

Keywords: trade facilitation, the Pilot Free Trade Zones, economic growth, international trade

前　　言

　　设立自由贸易试验区（以下简称自贸试验区）是党中央、国务院在新形势下全面深化改革和扩大开放的重大战略举措，也是适应经济全球化新趋势、全面深化改革、构建开放型经济新体制的客观要求。自2013年9月上海自贸试验区挂牌以来，自贸试验区不断发展壮大。2015年4月，广东、天津、福建自贸试验区设立，上海自贸试验区扩区；2016年4月，自贸试验区再次扩容，新增辽宁、浙江、河南、湖北、重庆、四川、陕西7个自贸试验区。至此，中国已经初步形成了纵贯南北、横联东西，服务于"一带一路"倡议的自贸试验区网络。

　　探索和形成与国际高标准相一致的贸易便利化规则和贸易监管制度，形成具有国际竞争力的口岸监管服务模式是自贸试验区改革的重要目标。自贸试验区成立以来，大批贸易便利化措施已经在各自贸试验区落地实施。在中国已经设立的 11 个自贸试验区中，以海关监管模式创新为代表的贸易便利化改革已经取得了显著成绩，在已经公布的自贸试验区可复制改革经验中，贸易便利化领域的经验占很大的比重。

贸易便利化改革将极大缩小中国与世界高标准贸易便利化水平的差距，进而对中国的国内经济和对外贸易发展产生较大的促进效应。事实上，贸易便利化水平的提升对于国际贸易、经济增长、国内外市场一体化、就业增长等方面都具有显著的促进和溢出效应。有研究表明，贸易便利化的提升与一国出口存在显著的正相关关系。贸易便利化程度更高的国家，其人均出口量和人均 GDP 也更高。

具体而言，贸易便利化改革试点经验又可进一步划分为体制性和政策性改革、工作机制性改革、技术性改革三大领域。体制性和政策性改革试点经验带有全局性特征，需要上级有关部门授权，或者需要上级相关部门协调。工作机制性改革试点经验也需要有关部门协调，但是只需要在当地各个部门之间协调，一般不需要上级部门的授权，可以自主做出安排。技术性改革的试点经验主要是应用信息化手段来提高效率，改变工作流程和具体的办公方法。

本书对每一条具体的改革试点经验进行了整理和分析，并归纳到上述三大改革试点经验的某一类中。

总体来看，贸易便利化领域的改革试点经验符合国际先进惯例，具有创新性和经济效应，从理论和现实需要上来说，都值得并亟须在全国范围内复制推广。本书的基本结论如下。一是属于体制性和政策性的改革措施需要有充分的法律、法规和政策依据，以及上级有关部门的授权，有些措施目前可能还无法在全国推广，但可以在自贸试验区推广。二是属于工作机制性的改革措施需要当地各部门的协调配合和自主创新的思路，可以在全国复制推广，各地可以大胆创、大胆试。三是属于技术性的改革措施主要依靠自主创新努力和有关的经济技术条件，也可以在全国复制推广。但是，由于地方政府财政、经济实力的限制，并不是所有地方政府都有能力推行这类改革试点经验，各自贸区、地方政府可根据自身的经济实力，尽量复制推广。

目　　录

第一章 贸易便利化改革的经贸效应及自贸试验区改革的最新进展

世界贸易组织《贸易便利化协定》的正式生效和自贸试验区贸易监管模式的创新需要，对中国贸易便利化的发展提出更高的要求。本章对贸易便利化水平进行了国际比较。总体而言，在世界范围内中国贸易便利化水平处于中等偏下的水平，即使从发展中国家来看，也没有优势可言。而贸易便利化水平的提升对于国际贸易、经济增长、市场整合、就业等方面具有显著的促进和溢出效应。当前中国自由贸易试验区通过体制性和政策性改革，初步建立了符合国际高标准的贸易便利化体制；通过工作机制性改革，逐步形成了自主改革的贸易便利化工作协调机制；通过技术性改革，不断完善以信息化支撑的贸易便利化通关模式。在此基础上，本章分析了当前中国自贸区贸易便利化改革存在的问题并提出相应的政策建议。

第一节　中国贸易便利化现状与改革的
　　　　　国际背景

（一）贸易便利化现状

1. 相对于其他领域，贸易便利化改革较为滞后

改革开放以来，为了更好、更快地发展开放型经济，中国在对外贸易、外商直接投资、资本国际流动、汇率体制等各领域都进行了较为快速的改革，取得了突破性进展，为中国的经济增长做出了重要贡献。例如，在促进对外贸易方面，中国不断降低关税壁垒，1992年中国实际征收的关税税率的简单平均值高达39.7%；而到2001年中国加入世界贸易组织（WTO）时，这一数值已降低为15.4%；到2014年，进一步降低为7.57%。[①] 在引进外资方面，中国不断扩大外商直接投资的领域，放松对外资的股权比例限制，以前以中外合资公司为主，现在外商独资公司所占比重已经远高于中外合资公司比重。在资本国际流动方面，对外直接投资等项目下的资本跨境流动已经基本实现自由。

然而不难发现，相对于其他领域，中国贸易便利

---

① 余淼杰、崔晓敏：《经济全球化下的中国贸易投资便利化研究》，北京大学中国经济研究中心讨论稿，2016年。

化改革明显滞后，已经成为制约对外贸易的主要短板。且相对于世界其他国家，中国的贸易便利化改革也比较缓慢。根据世界经济论坛（WEF）与全球贸易便利化联盟发布的《全球促进贸易报告》，2010—2016 年中国在世界各国贸易促进指标（Enabling Trade Index）的排名不升反降，由 2010 年的第 48 位下降为 2012 年的第 56 位，2014 年则进一步下降为第 63 位（见表 1）。虽然 2016 年中国在世界贸易便利化方面的排名上升为第 61 位，但是仍然滞后，与发达国家（地区）存在较大差距。在得分方面，中国与国际先进做法的差距也比较大，与新加坡、中国香港、美国的得分之差分别为 1.48、1.17、0.75，换算成百分比，即意味着中国与它们的差距高达 32.96%、26.06%、16.7%。

　　此外，值得注意的是，在贸易便利化方面，中国的运输基础设施质量（2016 年的世界排名为第 22 位）、运输服务质量（2016 年的世界排名为第 32 位）、信息通信技术等硬件已经比较好，短板在于中国的海关通关程序和流程还较为复杂，所需准备的材料也比较多，这使得通关的成本较高，据《全球促进贸易报告 2016 年》数据，中国贸易通关的成本约为每个集装箱 950 美元，其中进口成本更高。更为具体地，在边境管理的效率和透明度方面，中国的世界排名也比较靠后，2016 年仅位居世界第 52 位，与周边的韩国、日本等差距都较大，与排名前列的新加坡、中国香港的差距更大，其中在得分上与世界排名第一的新加坡相差 1.49，占中国得分的 30.35%（见表 2）。

表 1　　世界各国及地区贸易便利化改革进展情况

经济体	2016 年		2014 年		2012 年	
	排名	得分	排名	得分	排名	得分
新加坡	1	5.97	1	5.8	1	6.14
中国香港	3	5.66	7	5.47	2	5.67
英国	8	5.52	6	5.48	11	5.18
德国	9	5.49	8	5.4	13	5.13
法国	13	5.37	13	5.31	20	5.03
日本	16	5.28	21	5.14	18	5.08
美国	22	5.24	22	5.14	23	4.9
加拿大	24	5.15	19	5.16	9	5.22
澳大利亚	26	5.1	28	4.91	17	5.08
韩国	27	5.04	34	4.86	34	4.65
中国台湾	35	4.92	29	4.91	29	4.81
墨西哥	51	4.55	62	4.36	65	4.08
南非	55	4.52	58	4.41	63	4.1
土耳其	59	4.52	48	4.54	62	4.13
中国	61	4.49	63	4.36	56	4.22
印度尼西亚	70	4.3	74	4.21	58	4.19
越南	73	4.26	87	4.01	68	4.02
印度	102	3.91	106	3.72	100	3.55
巴西	110	3.8	97	3.87	84	3.79
俄罗斯	111	3.79	105	3.72	112	3.41

资料来源：*The Global Enabling Trade Report 2012，2014，2016*。

表2　　　　　　　　　边境管理的有效性和透明性指标排名和得分

经济体	2016 年		2014 年	
	排名	得分	排名	得分
新加坡	1	6.4	5	6.13
英国	6	6.21	6	6.11
日本	11	6.06	8	6.07
中国香港	12	6.02	22	5.71
德国	14	5.96	16	5.91
美国	17	5.89	20	5.78
法国	19	5.83	19	5.81
加拿大	21	5.82	17	5.85
韩国	28	5.7	24	5.66
澳大利亚	32	5.62	30	5.53
中国台湾	33	5.6	26	5.64
土耳其	45	5.06	47	5.09
中国	52	4.91	56	4.83
南非	61	4.78	61	4.74
墨西哥	64	4.77	69	4.63
印度	75	4.45	83	4.22
印度尼西亚	79	4.35	80	4.29
越南	86	4.19	102	3.89
巴西	92	4.11	93	4.05
俄罗斯	104	3.93	105	3.85

资料来源：*The Global Enabling Trade Report 2014，2016*。

2. 相对于国际先进做法，中国贸易便利化程度还较低

当前中国的贸易便利化水平仍处在全球排名的中间位置，进一步改革的空间较大（见表3）。根据世界

银行《全球营商环境报告 2015》，中国根据"跨境贸易"指标衡量的便利化程度排名第 98 位，不仅远低于新加坡和中国香港地区，也远低于美国、德国、法国等发达经济体，而且低于中国周边的韩国和日本（见表 3）。平均而言，中国的出口必须准备 8 份文件、耗费 21 天时间；进口则需要准备 5 份文件、耗费 24 天。在贸易成本方面，中国远高于韩国、新加坡以及中国香港地区，这说明中国进一步降低贸易成本的空间还很大。

而且，即使与发展中国家相比，中国的贸易便利化水平依然有待提高。表 4 显示了以国际贸易"单一窗口"衡量的贸易便利化水平，在主要的发展中国家中，绝大部分国家的贸易便利化水平高于中国，低于中国的国家很少，只有两个。更为具体地，依据贸易成本衡量，中国的贸易便利化程度仅处在发展中国家的中间位置，甚至马来西亚、毛里求斯、泰国、印度尼西亚和越南等国家的贸易成本也显著低于中国。

表 3　中国与世界主要国家及地区贸易便利化排名比较（"跨境贸易"指标）

经济体	排名	出口			进口		
		文件数	时间（天）	成本（美元/箱）	文件数	时间（天）	成本（美元/箱）
德国	18	4	9	1015	4	7	1050
法国	10	2	10	1355	2	11	1445

续表

经济体	排名	出口			进口		
		文件数	时间（天）	成本（美元/箱）	文件数	时间（天）	成本（美元/箱）
韩国	3	3	8	670	3	7	695
荷兰	13	4	7	915	4	6	975
加拿大	23	3	8	1680	3	10	1680
美国	16	3	6	1224	5	5.4	1289
日本	20	3	11	829.3	5	11	1021
新加坡	1	3	6	460	3	4	440
印度	126	7	17.1	1332	10	21.1	1462
英国	15	4	8	1005	4	6	1050
中国	98	8	21	823	5	24	800
中国香港	1	3	6	590	3	5	565

资料来源：依据世界银行的《全球营商环境报告2015》相关数据整理所得。

表4　　　　发展中国家以"单一窗口"衡量的贸易便利化

经济体	排名	出口			进口		
		文件数	时间（天）	成本（美元/箱）	文件数	时间（天）	成本（美元/箱）
菲律宾	65	6	15	755	7	15	915
哥伦比亚	93	4	14	2355	6	13	2470
哥斯达黎加	5	14	1020	5	14	1070	—
马来西亚	11	4	11	525	4	8	560
毛里求斯	17	4	10	675	5	9	710
墨西哥	44	4	12	1499.3	4	11.2	1887.6
泰国	36	5	14	595	5	13	760
突尼斯	50	4	16	805	6	20	910
土耳其	90	7	13	990	8	14	1235

经济体	排名	出口			进口		
		文件数	时间（天）	成本（美元/箱）	文件数	时间（天）	成本（美元/箱）
危地马拉	102	8	17	1355	6	16	1445
文莱	46	5	19	705	5	15	770
牙买加	115	6	20	1580	7	17	2180
印度尼西亚	4	17	571.8	8	26	646.8	—
约旦	54	5	12	825	7	15	1235
越南	75	5	21	610	8	21	600
中国	92	8	21	823	5	24	800

资料来源：依据世界银行的《全球营商环境报告2015》相关数据整理所得。

3. 具体的国际比较分析

综上可知，新加坡的贸易便利化水平位居世界前列，本书以它为参照系，与中国的贸易便利化水平进行比较分析，主要对比两国的"单一窗口"。

（1）新加坡的国际贸易"单一窗口"TradeNet

TradeNet 通过横向联合，把 35 家国际贸易主管机构超过 8000 个具体业务流程整合到一个整体系统网络，实现了不同监管部门在信息流、业务流的共享协作，为贸易商提供"单一窗口"和一站式通关服务，其特点是"系统集成、机构分散"。企业仅需要填制电子表格，就可以向不同的政府部门申报，申报内容经各政府部门业务系统处理后自动将结果反馈到企业的计算机中。TradeNet 给新加坡国际贸易所带来的具体效益如表 5 所示。除 TradeNet 外，新加坡还建设港口网（PortNet），连接相关政府职能部门、船舶公司或其代理行、货主集装箱中转站和卡车运输业等，使港口用户获得船只进出港信息、舱位安排、货物在港所处的状态、预订舱位、指定泊位、起重机布置、集装箱实时跟踪等信息。每天 24 小时提供服务以减少客户提交单据后的等待时间。在此系统下，通过全程自动化无纸作业，集装箱通过港区大门通道只需 25 秒，货物从卸货到运出自贸区大约需要 1 个小时。

表 5　　　　　　　　　　TradeNet 为国际贸易带来的效益

项目	以前手工流程	使用 TradeNet 后流程
提交单证	由员工呈交	从办公室设备提交
	仅在办公时间内	每天 24 小时都可以
每份单证往来监管机构的次数	至少需要 2 次	不需要
每份单证数	多份（最多达 35 份）	单份
审批处理时间	4 小时到 2 天	10 分钟内
应税货物处理	办理海关手续需要不同的单证	按指定线路向海关发送同一电子单证办理手续
监管货物处理	各个监管部门办理手续需要多份不同单证	按指定线路向海关发送同一电子单证
收费	10—20 新加坡元	3.3 新加坡元
海关征税	使用支票	银行自动扣款

（2）中国自贸试验区"单一窗口"与 TradeNet 的对比

第一，从牵头单位看，新加坡国际贸易"单一窗口"牵头单位是贸易工业部，而中国上海自贸试验区国际贸易"单一窗口"的牵头部门是上海市口岸办，由于地方职权的有限性，许多需要中央部门决策的工作任务在实际推动时有较大的局限性。第二，从国际贸易许可来看，TradeNet 通过横向联合，把 35 家国际贸易主管机构连接到一个整体系统网络，而中国贸易许可板块主要通过链接方式，尚未与贸易许可部门的申报系统对接。因此，相应部门的办理结果不能通过"单一窗口"反馈给申报人。另外，中国"单一窗口"试点与其他试点项目如海关和检疫检验"一次申报、一次查验、一次放行"存在部分重复，企业面临重复选择。第三，从法律保障看，新加坡在"单一窗口"建设过程中，提前进行法律法规制定方面的设想和规划，这些法律法规的出台保障了"单一窗口"的顺利运行。而目前上海国际贸易"单一窗口"建设的法律法规准备工作暂时还没有启动。第四，从数据元标准化来看，新加坡"单一窗口"建设全部启用世界海关组织（WCO）的 DA-TA MODEL，由专门部门负责对数据元进行标准化。目前，由于受地方政府和部门的权限约束，上海自贸试验区国际贸易"单一窗口"建设的数据元尚未启动。

（二）贸易便利化改革的国内外背景

第一，经济全球化新趋势下构建开放型经济新体制的需要。中国正在加快构建开放型经济新体制，其目的是构建一整套适应经济发展新形势的贸易、投资、金融、政府管理职能等领域的体制机制，贸易便利化新体制是其中的重要组成部分。贸易便利化改革是自贸试验区改革的主要领域，与国际接轨的贸易便利化措施更是开放型经济新体制的重要部分，也将有效倒逼开放型经济新体制的不断完善。所以，中国应在《贸易便利化协定》的基础上，加快促进海关贸易便利化的完善。

第二，《贸易便利化协定》（以下简称《协定》）对中国的客观要求。《协定》是十多年以来 WTO 框架下所签订的唯一一个多边贸易协定。2017 年 2 月 22 日，随着卢旺达、阿曼、乍得和约旦四国向 WTO 递交了《协定》，这份经过 21 年艰苦谈判的协定终于达到了其生效（WTO 成员的 2/3）的最低门槛，正式生效。中国于 2015 年 9 月成为第 16 个接受此协定的国家，表明中国坚决推行《协定》的决心。《协定》的生效和自贸试验区贸易监管模式的创新，对中国贸易便利化的发展提出更高的要求。具体而言，《协定》第一部分前 5 条要求成员国承诺满足比原 WTO GATT 第 10

条所要求的更高透明度要求，也对当前有关进出口的法律法规提出了新的要求，而且《协定》第 10 条第 4 款也明确规定成员国必须建立国际贸易"单一窗口"。对比中国现行的贸易便利化制度与《协定》对各成员国的要求，中国海关贸易便利化制度在透明度、口岸机构管理和海关行政裁定等方面仍需进一步完善。例如，尽管中国各自贸试验区已经建立"国际贸易'单一窗口'"，但是与《协定》的高要求之间还存在一定差距。

第三，新的世界经贸协定普遍有更高的贸易便利化程度。与原有的世界经贸协定相比，新的经贸协定普遍有更高的贸易便利化要求。在中国所签署的多个双边或多边经贸合作协议中，贸易便利化就是重要内容之一，例如《中国—东盟全面经济合作框架协议》第 2 条规定的"全面经济合作措施"和第 7 条规定的"其他经济合作领域"。各方就简化海关程序、推动和便利货物贸易、标准及一致化评定初步达成了一致。但是这些规定与中国海关的现有法律法规不一致。再例如，《中国与新加坡自贸协定》第 25—36 条也就双方在海关程序、预裁定等方面做了规定。为了适应和引领这些世界经贸协定的新规则，中国亟须加快贸易便利化建设。

第四，"一带一路"建设的迫切需要。目前，中国所倡导的"一带一路"建设已经进入全面深入发展阶段，获得了"一带一路"沿线国家的广泛认可。下一阶段面临如何进一步落实"一带一路"建设，使各国在贸易、投资、金融、基础建设等领域展开切实合作，使各国获得实实在在的收益。自贸试验区是"一带一路"建设的窗口，起着领头羊、推动器的作用，如何发挥自贸试验区在"一带一路"建设中的作用是"一带一路"倡议发挥作用的关键。上海、天津、广东、福建四大自贸试验区不仅是中国经济最发达的区域，更是中国最大的几个贸易港口，大部分进出口贸易都要通过它们运输，与"一带一路"相关国家的进出口贸易也不例外。随着"一带一路"建设的深入推进，中国与沿线国家的贸易量将迅速增加，如何快速、便捷、高效且低成本地完成货物运输，是我们面临的重要任务，这就对自贸试验区的贸易便利化提出了更高的要求。"一带一路"倡议也是一次引领全球经济治理新模式的举措，这就要求"一带一路"不仅注重经济发展的现实实践，更要在此过程中，制定出一套全球经济治理新模式，贸易便利化新体制就是其中的重要内容。这就意味着，中国需要在自贸试验区主动改、大胆试，探索出一套新的贸易便利化制度，为"一带一路"倡议做出体制、机制贡献。

第二节　贸易便利化对经贸的
促进作用

（一）贸易便利化概念辨析

随着世界贸易自由化的进一步发展，关税等显而易见的可量化贸易壁垒已经很低，从而使得"贸易便利化"改革越来越被各国际组织、各国政府、学术界等所关注和重视。但是迄今为止，对于"贸易便利化"这一概念都还没有一个相对统一的表述。各类国际经济组织都对"贸易便利化"作出过相关定义。世界贸易组织（WTO）认为，贸易便利化是简化和协调国际贸易程序，规范管理主体，统一数据标准的过程，主要涉及数据的收集和提交、通报和处理。多哈回合谈判（DDA）对贸易便利化的理解则更加关注通关的自由化和便利化、通关费用的降低、手续的简化以及与透明度相关的贸易规则的改善。欧洲经济委员会（UNECE）的定义与 WTO 比较相似，即通过规范化的交易模式，降低通关成本，并逐步形成一个全面化和一体化的交易模式。世界银行（World Bank）认为贸易便利化是指一系列复杂的边界和后边界措施，重点关注的领域包括交通基础设施投资、海关现代化、数据交换的电子化和自动化、港口效率、物流和运输服务、运输安全等。

（二）贸易便利化对出口的积极作用

根据经济学和国际贸易理论，贸易便利化对一国出口将有显著的促进作用。一方面，贸易便利化的改善有利于降低国内企业出口的通关时间、成本，从而增加企业出口利润，进而对企业出口形成正向激励作用。甚至使得一些原本出口并不盈利的企业变得有利可图，增加出口企业的数量。异质性企业贸易理论已经证明，企业出口的成本是决定出口企业数量的关键因素，通过降低出口成本，将使得纯国内生产企业也开始出口，从而出口企业数量将大幅增加。[①] 另一方面，贸易便利化将使得企业进口中间产品和服务的时间和成本更低，企业将进口更多高质量中间产品和服务，这将提升出口企业的产品质量，从而间接促进企业的出口。事实上，通过对跨国数据的相关性分析，本书发现贸易便利化的提升与一国出口存在显著的正相关关系。图1给出了世界各国人均出口和贸易便利化指数的散点图和相应的拟合线，不难发现，人均出口和贸易便利化指数存在明显的正相关关系。贸易便

---

① Melitz, Marc J., "The Impact of Trade on Intra-Industry Reallocations and Aggregate Industry Productivity", *Econometrica*, 2003, 71 (6), 1695 – 1725.

利化程度更高的国家，其人均出口量也更高。

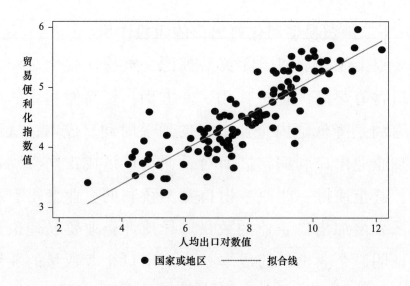

图1　人均出口与贸易便利化的相关性

注：样本国家和地区为120个。

资料来源：作者根据WEF的《全球贸易促进报告》和IMF的原始数据绘制。

一些学术研究也证明，贸易便利化程度的提高对一国出口有非常大的正向作用，根据世界经济论坛（WEF）的《全球贸易促进报告2014》，贸易便利化程度的提高对各类发展程度的国家或地区的出口都有积极作用（见表6）。预计到2020年，贸易便利化的提升将使得中国、俄罗斯、巴西、印度、南非5个金砖国家的出口分别提升8.83%、7.88%、4.38%、9.56%、17.93%；也将使得美国、欧盟、加拿大等发达经济体的出口进一步提升，它们的出口贡献分别达到3.90%、10.60%、5.00%。若这些预测果真能实现，那么足以说明贸易便利化改革的重大意义。Moïsé和 Sorescu 则设计了一整套贸易便利化指标体系（包含16 个一级指标），来衡量贸易便利化水平提升对于降低贸易成本和增加贸易量的影响。他们的研究结果显示，在贸易便利化提升方面，加强信息的有效性、简化通关手续、提高透明度和海关部门的管理水平是相对有效的手段。

表6　贸易便利化提升对 GDP 和出口的贡献的预测（到 2020 年）

国家/地区	对 GDP 的贡献		对出口的贡献	
	百分比（%）	数额（十亿美元）	百分比（%）	数额（十亿美元）
澳大利亚和新西兰	1.29	7	8.00	8
巴西	0.37	5	4.38	7
加拿大	1.41	22	5.00	20
中国	1.45	124	8.83	187
埃及	2.24	5	8.83	2
欧盟	2.04	348	10.60	629
印度	0.91	21	9.56	35
日本	−0.12	−6	2.10	15
韩国	2.18	29	8.18	52
墨西哥	2.47	33	11.79	49
中东国家	5.66	30	13.66	22
北非国家	4.44	15	11.21	14
其他非洲国家	7.28	47	22.28	46
其他亚洲国家	7.97	283	16.18	211
土耳其和其他欧洲国家	3.75	36	15.04	49

续表

国家/地区	对 GDP 的贡献		对出口的贡献	
	百分比（%）	数额（十亿美元）	百分比（%）	数额（十亿美元）
加勒比及其他拉美国家	3.07	40	16.20	40
俄罗斯	2.83	35	7.88	25
南非	3.36	13	17.93	16
美国	0.55	90	3.90	61
世界	1.78	1177	8.23	1488

资料来源：*Global Enabling Trade Report 2014*。

　　此外，国内学者针对中国的研究也发现了贸易便利化程度改善的积极作用。周岩和陈淑梅发现贸易便利化有利于海上丝绸之路沿线国家贸易比较优势的互补，将优化各国的产业结构。刘宇等以中国和哈萨克斯坦为例，测算了贸易便利化和关税减免对经济的影响，发现相较于关税减免，贸易便利化的提升对于两国经济增长的作用更为显著，从产业层面来看，中国大部分产业的产出和贸易都将收益。[1] 李婷则认为，当前国际贸易面临的问题已经从传统的贸易壁垒转向"贸易非效率"这一隐形壁垒。贸易便利化可以简化贸易程序，降低国际贸易交易成本（时间成本），从

---

[1] 刘宇、吕郢康、全水萍：《"一带一路"战略下贸易便利化的经济影响——以中哈贸易为例的 GTAP 模型研究》，《经济评论》2016 年第 11 期。

而促进全球要素的跨境流动。事实上，贸易便利化提升已经成为新常态下促进中国贸易平稳增长的新途径。李斌等对各国贸易便利化水平进行了评测，并评估了对中国服务贸易出口的影响，研究表明，贸易便利化能显著提升服务贸易出口，而且在发展中国家，贸易便利化对服务贸易出口的影响更大。[①]

（三）贸易便利化对 GDP 增长的促进作用

同样，我们也发现贸易便利化改革对一国 GDP 增长也有很大的促进作用。当然，这在一定程度上是通过其对外贸的积极作用而间接实现的。类似于图 1，笔者在绘制各国人均 GDP 与贸易便利化指数的相关性散点图和拟合线时，发现两者的正相关关系是显而易见的（见图 2）。而且，正如表 6 所显示的，贸易便利化的提高对各国截至 2020 年的 GDP 增长具有非常重要的正向贡献，对中国、俄罗斯、巴西、印度、南非 5 个金砖国家的 GDP 增长的贡献分别是 1.45%、2.83%、0.37%、0.91% 和 3.36%，对其他发展中国家以及美国、欧盟等发达经济体 GDP 增长的贡献也比较显著。Zaki 利用 CGE 模型测算了贸易便利化对全球

[①] 李斌、段娅妮、彭星：《贸易便利化的测评及其对我国服务贸易出口的影响——基于跨国面板数据的实证研究》，《国际商务》2014 年第 2 期。

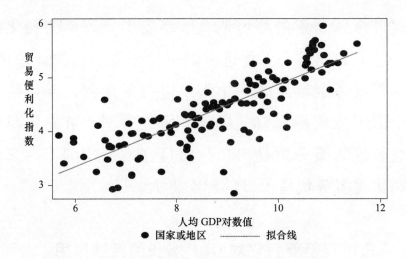

图 2　人均 GDP 和贸易便利化的相关性

注：样本国家和地区为 127 个。

资料来源：根据 WEF 的《全球贸易促进报告》和 UNCTAD 的原始数据绘制。

经济增长的潜在贡献率。① 到 2020 年，贸易便利化水平的提升将使全球 GDP 增长 1.8 个百分点，将近 1.18 万亿美元；撒哈拉以南非洲国家的出口增长 22.3%；拉丁美洲及亚洲国家出口增长 16.2%；对于欧盟国家出口提升幅度不是很大，为 10.6%，究其原因，一些东欧国家的制度性壁垒是主要影响因素。贸易便利化的提升对于发达经济体的影响不是很明显，美国和日本的出口分别增长 3.9% 和 2.1%。对中国的研究也显示，贸易便利化水平的提升对中国经济增长有显著的

---

① Zaki, C. , "An Empirical Assessment of the Trade Facilitation Initiative: Eonometric Evidence and Global Economic Effects", *World Trade Review*, 2014, 13: 103 – 130.

促进作用，且能提升中国的社会经济福利水平。[①]

（四）贸易便利化的其他影响

进一步的研究则显示，贸易便利化提升的经济效益是多方面的，且影响深远，不仅体现在贸易方面，而且体现在诸多方面。第一，出口竞争力。贸易便利化能够通过降低贸易成本，缩短贸易交易时间以使得国内企业在国际市场更具竞争力。第二，增加外商直接投资。贸易便利化形成的贸易成本及贸易壁垒的降低能够吸引更多的外国投资者，增加本地的就业机会。第三，市场整合。贸易便利化有着与双边自由贸易协定相比而言的独特优势，即贸易便利化程度的提升不会造成贸易转移和贸易促进效应，而是对全球价值链的所有参与者有利。第四，经济增长和就业。贸易便利化的提升能够推动经济增长，拉动投资增加就业。第五，积极的溢出效应。两国之间贸易便利化程度的改善能够有利于第三国。

第三节　中国自贸试验区贸易便利化改革最新进展

提升贸易便利化水平是中国自贸试验区改革的主要

---

① 杨军、黄洁、洪俊杰、董婉璐：《贸易便利化对中国经济影响分析》，《国际贸易问题》2015 年第 9 期。

目标。目前，中国上海、广东、天津和福建 4 个自贸试
验区结合自身的发展优势和定位，不断摸索创新贸易便
利化改革措施，形成了一大批可复制可推广的改革经验。
从自贸试验区贸易便利化改革措施的内容来看，可以将
它们大体划分为三种类型。第一种类型属于体制性和政
策性的改革措施。一般来讲，这种改革措施具有全局性
战略意义，需要上级有关部门授权，或者需要国务院相
关部委的协调。第二种类型是工作机制性的改革措施，
这种改革虽然也需要有关部门协调，但是只需要在当地
各个部门之间协调，一般不需要上级部门的授权，可以
自主做出安排。第三种类型是技术性的改革措施，主要
是应用信息化手段来提高效率，改变工作流程和具体的
办公方法。总体来讲，属于体制性和政策性的改革措施
需要有充分的法律、法规和政策依据，以及上级有关部
门的授权；属于工作机制性的改革措施需要当地各部门
的协调配合和自主创新的思路；属于技术性的改革措施
主要依靠自主创新努力和有关的经济技术条件。

（一）通过体制性、政策性改革，初步建立了符合国际高标准要求的贸易便利化体制

作为贸易便利化改革的主要主管部门，海关总署、
质检总局等政府机构在自贸试验区内积极探索贸易便
利化制度创新，不断优化"一线放开、二线安全高效

管住"监管模式，相继出台了一系列改革措施，形成了一系列全国首创的通关便利化创新举措并得以推广复制，提升了自贸试验区内贸易便利化水平。

第一，实行内外贸税收征管"一体化"及内销选择性征税制度。这类措施实施后，非保税货物可以进入特殊监管区，企业可登记为增值税一般纳税人。这意味着外贸企业在特殊监管区内也能开展内贸业务，并且企业可根据其对应进口料件或实际报验状态，选择缴纳进口关税。这种做法极大提高了企业操作的便利化，降低了企业仓储成本及进出口等物流成本，有利于企业合理配置国内、国外两个市场资源，统筹开展国际与国内贸易，减少运营成本，提高运营效率。

第二，海关税收总担保制度。在该措施下，企业的"一票一保"的通关担保业务纳入海关"银行税款"总担保体系。对于企业同类涉税担保业务，允许企业在银行保函额度内办理多次业务，减少了审批次数。该做法不仅加快了通关速度，提高了通关效率，而且提高了保函使用效率，使企业担保授信能更加有效地发挥作用。截至2017年3月，福州海关共为近10家企业办理总担保业务，涉及担保税款近40亿元。

第三，出入境C类快件检验检疫监管制度，即对C类快件实施便利化检验检疫措施和清单管理制度，明确了禁止以C类快件形式入境的产品清单，实现了与跨境电子商务形式禁止进境商品名录的有效衔接。该制度极大地促进了跨境快件运营企业的发展，依托电子信息化检验检疫平台，提升了验放速度，并在一定层面上提升了监管的有效性。天津自贸区通过该项措施，通关时间较该制度执行前平均每批货物节省0.5天。每单平均为企业节约物流成本120元，口岸快速放行率达88%，口岸通关效率提升了75%，显著提高了区域贸易便利化水平。

第四，"先进区后报检"制度。改变了过去因单证延误无法报检的情况，降低了由此产生的滞港和滞箱费用。相比原先的"先报检后进区"模式，因为货物贸易实现了出区时的"零等待"，企业通关时间大幅减少，比以往正常报关报检柜台交单办理节省至少1天半的时间。

第五，关检"一站式"查验平台＋监管互认。即海关与检验检疫部门强化协作，实现作业空间合并、作业时间一致、作业系统并行，场所设施、查验设备等资源共享，对特定商品、对高资信企业互认对方查验或检验数据和结果，真正实现了"一次申报、一次查验、一次放行"。该措施打造了高效的关检部门高效畅通合作的样本。将过去口岸通关现场的海关与检验检疫两个口岸执法单位、两条业务链条、两个作业系统、两个查验场所，通过整合优化，实现作业时间上

的一致、作业空间上的合并、作业系统上的并行，互
认对方查验或检验数据和结果，为广大企业提供高效
率、低成本的口岸通关模式。该做法将减少企业30%
的重复申报项目；缩短企业40%的通关时间；节省约
50%的人力资源；每标箱节省600元物流成本。

表7 体制性、政策性贸易便利化改革措施

序号	名称	实施范围	措施内容	涉及部门	针对市场主体
1	内外贸税收征管"一体化"制度	上海	允许海关特殊监管区内的企业开展国内贸易，对保税、非保税等不同状态下的货物转移和交易，税务、海关等部门履行好监管职责	财政部、海关总署、税务总局	海关特殊监管区内的高资信有国际贸易业务的企业
2	内销选择性征税制度	天津、福建	自贸试验区海关特殊监管区域内企业加工、生产并销往国内市场的货物，企业可根据其对应进口料件或实际报验状态，选择缴纳进口关税	财政部、海关总署、税务总局	海关特殊监管区域内的发生国际贸易业务的企业
3	海关税收总担保制度	天津、福建	进一步建立完善涵盖所有涉税担保业务、所有通关现场的税收总担保制度，通过银行保函统一备案，将企业"一票一保"的通关担保业务纳入海关"银行税款总担保"体系	海关总署	发生国际贸易业务的企业
4	出入境C类快件检验检疫监管制度	天津、福建	检验检疫机构对C类快件，实施便利化检验检疫措施和清单管理制度，明确了禁止以C类快件形式入境的产品清单，实现了与跨境电子商务形式禁止进境商品名录的有效衔接。对入境C类快件，应实施检疫的，按有关规定实施检疫，免予检验，促进跨境电商直邮模式业务的发展	质检总局	跨境电商企业

序号	名称	实施范围	措施内容	涉及部门	针对市场主体
5	"先进区后报检"制度	上海、福建	允许企业向检验检疫申报后，先到口岸提货进入海关特殊监管区，然后在规定时间内办理报检手续	质检总局	海关特殊监管区域发生国际贸易业务的企业
6	关检"一站式"查验平台＋监管互认	福建	海关与检验检疫部门强化协作，实现作业空间合并、作业时间一致、作业系统并行，场所设施、查验设备等资源共享。对特定商品、高资信企业互认对方查验或检验数据和结果，真正实现了"一次申报、一次查验、一次放行"	海关总署、质检总局	高资信国际国贸企业

资料来源：根据自贸试验区实地调研整理所得。

（二）通过工作机制性改革，逐步形成自主改革的贸易便利化工作机制

第一，在检验检疫方面，四个自贸试验区逐步形成了一批贸易便利化的成功做法和经验。一是国际中转集拼"快检快放"制度，这不仅开拓了间接货源腹地、降低物流成本、促进小批量货物出口，还能促进港航要素集聚并推动口岸功能延展和效率提升，已经成为衡量国际枢纽港的重要指标。二是"空检海放"便捷化监管制度。其实施方法是空运样品提前检验，同一批次海运货物到岸后快速验放。该制度有效充分利用了同一批货物空运和海运到港的时间差，同时通过食品进口商提供合格证明材料，又有效地履行落实

企业主体责任，确保其对进口产品的质量安全负责。"空检海放"试点的进口婴幼儿配方奶粉到岸至销售的时间从55天缩短到11天，降幅高达80%；企业进口玩具到岸至销售的时间，从原来的10天缩短到1天，降幅高达90%。三是进口研发样品便利化监管制度。其做法是由传统的"事前产品信息登记+口岸抽查检验"监管模式转变为"合格保证+风险评估+事后监管"管理模式——在产品风险分级的基础上，对低风险化学试剂类产品以事后监管为主，口岸原则上不再实施查验。这将使得进口样品从机场到实验室的时间缩短50%以上，快了1倍。大部分的样品只需要3—5天即可到达实验室。研发耗材的综合进口成本节约了近1/4。四是会展检验检疫监管新模式。该模式减免了备案手续；改革创新查验和核销模式；简化检验检疫审批流程，并在一定程度上推进国际展会"单一窗口"建设。新模式下强制性认证范围内产品和入境预包装食品、化妆品等展品，流程平均可缩短2—3天时间，生物制品卫生检疫审批时限由原来的20个工作日缩短为10个工作日，对良好信用企业缩短为5个工作日，最快仅需2个工作日，审批效率提升4倍。五是进口机动车检验监管新制度。其将依托检验检疫业务公共服务平台，在申报、验证、监管、放行等环节对进口机动车实行闭环监管，进口机动车同步在线出证，检测结果通过信息系统即时反馈，做到随到随报、随报随检、随检随放。充分利用社会检测资源，提高进口汽车的通检效率。

第二，在海事检查方面，实施海事集约登临检查制度。海事、海关、检验检疫和边检四家查验单位分别登临检查，造成了船舶现场执法力量需求较大，检查内容重复，检查次数频繁等问题。联合登临检查机制可以使各部门联防联控，共同合作，利用各自的优势，经常通报相关情况和问题，进行共同的联合执法，提高执法工作效能。此项制度使船舶接受海事检查次数平均降低了70%，总的受检时间平均缩短了50%，有效提高了自贸试验区船舶、货物进出港效率，节约了企业成本。

第三，在企业身份认证方面，实施企业身份统一认证，企业申报"一卡多证"。实施货物申报领域身份认证的"一卡多证"，即将现有海关、检验检疫部门的货物申报企业身份认证集成到一个介质上，为进一步将"单一窗口"上更多的身份认证集成到一个介质上提供经验。

第四，放宽优惠贸易安排项下海运集装箱货物直接运输判定标准。在该措施下，将采用验核集装箱号及封志号的方式来判定，突破了以往需提交第三方中转地海关出具的证明文件的做法，节省了企业为获取相关证明文件而往返奔波产生的费用和时间，提高了通关效率。

表8　　　　　　　　　工作机制性贸易便利化改革措施

序号	名称	实施范围	措施内容	涉及部门	针对市场主体
1	国际中转集拼"快检快放"制度	上海、广东、福建	对明确为中转集拼的货物，在通检流程上采取快速处理机制。同时，参照国际惯例对检疫证书及原产地证书签发管理机制作相应调整	质检总局	港口物流企业
2	"空检海放"便捷化监管制度	上海、天津、福建	空运样品提前检验，同一批次海运货物到岸后快速验放	质检总局	发生国际贸易业务的企业
3	进口研发样品便利化监管制度	上海、天津	对研发科创类型企业进口的研发用样品采取合格假定，信用放行的监管新模式，对产品实施风险分类监管，简化入出境办理手续，实施事中事后监管。例如，进口研发食品、化妆品样品，基本做到报检当天放行	质检总局	研发科创类型企业
4	海事集约登临检查制度	上海、天津、福建	整合海事执法力量，实现一站式登轮检查，对海事部门涉及的各类检查项目，做到能够不登轮检查的不再登轮检查，必须登轮检查的事项，一次性完成海事监管所有执法检查	交通运输部	进港船舶
5	身份统一认证，企业申报"一卡多证"	上海、广东	针对企业通过国际贸易"单一窗口"进入不同部门的信息系统后，仍需申请不同的密钥（U盾）、分别认证身份后才能申报的问题，在进入国际贸易"单一窗口"环节，即实行"一卡多证"，身份统一认证	国家口岸办	发生国际贸易业务的企业

续表

序号	名称	实施范围	措施内容	涉及部门	针对市场主体
6	会展检验检疫监管新模式	广东、福建	简化审批手续，对报检单位登记备案、出入境特殊物品卫生检疫审批、口岸卫生许可、进境（过境）动植物及其产品检疫审批等检验检疫审批项目，实行网上申请和审批。创新展品监管措施；对需办理强制性产品认证（CCC认证）的产品实行"入区登记、展后区别监管"的监管方式，无须办理《免于办理强制性产品认证证明》。会展结束后，退运出境的展品采取复出核销的便捷措施，销售、使用的展品按照强制性产品认证的有关规定办理。实施场馆集中查验，改口岸查验为场馆集中查验，对入境展品实行口岸核证直接放行	质检总局	开展国际会展的企业
7	进口机动车检验监管新制度	广东、天津、福建	第一，在口岸监管区布局汽车检测线，配套信息化管理系统、视频监控系统，并与检验检疫业务公共服务平台无缝对接，对进口机动车实现闭环监管，在申报、验证、监管、放行等环节，做到随到随报、随报随检、随检随放。第二，对进口机动车实施"入区报备、出区检验、后续监管"和"合格保证＋符合性评估"的检验监管模式，采信第三方检验机构检测结果，综合实施合格评定，实现"检管分离"。第三，支持汽车平行进口试点企业，在指定口岸建立仅进行标准符合性整改的整改场所，并在该整改场所内进行CCC认证工厂检查。依托检验检疫业务公共服务平台，进口机动车同步在线出证，检测结果通过信息系统即时反馈，实现当天检验、当天拟证、当天放行。第四，推出进口机动车智能监管及质量溯源功能，向购买平行进口汽车的消费者提供车辆基本信息、外观、检验结果等质量安全信息的溯源查询服务。第五，整车口岸采用物联网无线射频识别技术（RFID技术），整车进口卸港后，加贴唯一识别的RFID标签，通过整车监管系统与海关H2010系统进行信息交互，对车辆进、出、转、存流程进行信息化、自动化监管，实现海关卡口自动抬杆、自动放行的一体化快速通关	质检总局	机动车进口企业

续表

序号	名称	实施范围	措施内容	涉及部门	针对市场主体
8	进口食品检验监管制度创新	广东、福建	允许进口食品企业在产品装运前，自愿委托境外有资质的检验机构按照中国食品安全标准的要求，对拟出口到中国的食品进行检测，境外检验机构需经检验检疫部门考核并通过信息系统对接，实时将相关抽样、检测及监管等信息通过检验检疫业务公共服务平台传递给检验检疫机构。货物到港后进口商向检验检疫机构提交境外检验机构出具的检测报告，经审核和查验符合要求的，检验检疫机构通过信息平台实时核销，即可实施快速验放	质检总局	进口食品企业
9	放宽优惠贸易安排项下海运集装箱货物直接运输判定标准	广东、福建	对ECFA项下的进口货物，采用验核集装箱号及封志号的方式来判定，突破了以往需提交第三方中转地海关出具的证明文件的做法	海关总署	发生国际贸易业务的企业

资料来源：根据自贸试验区实地调研整理所得。

（三）通过技术性改革，不断完善以信息化为支撑的贸易便利化模式

在自贸试验区内，海关、检验检疫等口岸管理部门运用信息技术手段打造通关智慧平台，推出实施了"互联网＋"、海关电子税单、货运电子运单、无人机、远程在线办理等作业模式，极大提高了工作效率和办事效率。

第一，"即检即放"无纸化便捷查验模式。这是利

用物联网、云存储等先进技术与口岸查验监管、服务外贸措施相结合的一种查验放行新方式，通过手持式移动执法终端，可以实现检验检疫现场查验无纸化以及多系统一键放行。这种模式解决了监管人员和被检人员在查验现场办公区域往返奔波、查验过程无法追溯、查验结果重复录入、现场放行等候排队等问题，在规范执法把关流程的同时，又有效加快了查验放行速度。

第二，加工贸易手册管理全程信息化改革。该项措施分步骤实现了加工贸易手册备案信息化、核销信息化，以及通关环节无纸化，最后打通了业务链条，最终实现加工贸易业务的全程信息化。该项措施实施后，通关更高效，大部分单证能实现系统自动审核"秒过"，近95%的报关单实现系统自动放行，业务办理速度显著提升，海关的作业环节由原来的7个减少为4个，业务办理速度显著提升，单项业务办理的时间缩减了70%以上。

第三，"智检口岸"平台。企业随时可通过互联网远程、免费、无纸化申报；平台提供业务办理"场景式服务"，企业和消费者可在线咨询或投诉等。与此同时，检验检疫部门通过"智检口岸"进行风险评估和诚信管理，并可以发布质量信息、企业和商品红黑名单、负面清单，提供技术标准服务，支持负面清单以外的商品快速通检。通过"智检口岸"云计算、大数据手段分析，检验检疫部门可以进行精准布控，查验比例降低90%，市场采购出口商品验放周期由2—3天缩短为16分钟，跨境电商平均通检时间减少为105秒。

第四，国际转运自助通关新模式。通过实施国际转运自助通关新模式，可实现国际中转货物无纸化申报，系统自动审核、放行，24小时全天候自助通关。该模式下，货物转运时间由原来的1—2天缩短为3—5小时，卸船理货报告生成时间从原来的6小时左右大幅减少到5分钟左右，实现国际转运船对船作业。该措施也实现了2条国际航线同时挂靠时相互中转的"即卸即装"，24小时全天候自助通关。转运货物在港停留时间从原来平均24小时大幅缩短至2—4个小时。

表9　　　　　技术性贸易便利化改革措施

序号	名称	实施范围	措施内容	涉及部门	针对市场主体
1	"即检即放"无纸化便捷查验模式	上海、天津、福建	通过信息技术，优化现场查验，对查验货物的信息实现跨区域、跨部门、跨行业的数据追溯，实现现场查验无纸化、即检即放和数据共享	质检总局	发生国际贸易业务的企业

序号	名称	实施范围	措施内容	涉及部门	针对市场主体
2	加工贸易手册管理全程信息化改革	广东	加工贸易企业办理加工贸易手册设立至核销以及外发加工、深加工结转等各环节业务时，可通过联网数据传输、纸质单证扫描等方式申报电子数据，无须现场递单和多次往返海关，实现在线办理、在线审核、一证多用，大大简化各业务环节的手续	海关总署	加工贸易企业
3	"智检口岸"平台	广东	"智检口岸"平台包括对外的公共服务平台与对内的智检综合业务管理系统，构建了事前备案、事中采信、事后追溯的"互联网＋检验检疫"工作新模式。企业和公众可通过公共服务平台无纸化办理检验检疫业务、在线咨询或投诉，实时查询业务办理流程、实验室检验结果、质量信息、红黑名单等；内部可实现风险预警、第三方采信、企业分类监管、诚信管理、产品风险判别等，达到闭环监管	质检总局	发生国际贸易业务的企业
4	国际转运自助通关新模式	广东	建立港口码头作业信息化系统，实现与海关管理系统数据实时交换，取消纸本申报和人工审核手续，国际转运货物可无纸化申报，通关数据自动转换、对碰、系统自动审核、放行、核销，实现24小时全天候自助通关。该模式下，货物转驳时间由原来的1—2天缩短为3—5小时，卸船理货报告生成时间从原来的6小时左右大幅减少到5分钟左右，实现国际转运船对船作业	海关总署	国际物流企业

资料来源：根据自贸试验区实地调研整理所得。

第四节 中国自贸试验区贸易便利化改革的不足和建议

（一）中国贸易便利化水平整体偏低，急需对标国际高标准贸易规则

《贸易便利化协定》的正式生效，对中国贸易便利

化的发展提出了明确的要求。自贸区作为中国构建开放型经济新体制的窗口，理所应当地成为中国对标国际贸易高标准，进行压力测试的试验田。现阶段，自贸区贸易便利化水平的提升主要体现在通关流程及手续的简化和现代化手段的应用方面，当然也涉及提升透明度和通关税费方面的改革，应该说取得了一定成绩，并且在货物放行与结关、进口货物移动等条款上，已超过《贸易便利化协定》明确的便利化程度。但是总体而言，在世界范围内中国贸易便利化水平处于中等偏下的水平，即使在发展中国家来看，也没有任何的优势可言。中国的不足集中体现在法律的透明度和有效性较低、通关手续烦冗、通关成本高、信息化程度低等方面。《贸易便利化协定》为中国自贸区贸易便利化提供了对标的准则，自贸试验区今后应该按照这些准则进一步提高和完善贸易便利化水平。

（二）明确贸易便利化提升方向，加强监管部门沟通合作

2014 年，国务院就印发了《关于落实"三互"，推荐大通关建设改革方案的通知》，明确要求口岸相关管理部门要积极践行"信息互换、监管互任、执法互助"监管理念。当前，中国各自贸区在这个方面确实取得了很大的进展。包括"一站式"通关作业，海

关、国检、边检、海事实施联合登轮检查等做法都已推广复制，实施效果显著。但是在当前口岸管理部门的机构设置下，各监管部门事权并行，职能相对独立的状态在短时间内是不可能改变的。这在一定层面上已经成为中国自贸区贸易便利化提升的制约因素。这就要求各口岸监管部门求同存异，加强沟通协调，提升口岸综合治理体系。尽快形成中国国际贸易"单一窗口"的标准版，在各个自贸试验区推广，并复制到全国的海关特殊监管区及相关口岸。更为重要的是，要明确国际贸易"单一窗口"的法律地位，并逐步调整完善相配套的法律法规。在此基础上加强口岸部门与商务系统的贸易合作，包括统计数据和信息的共享，进出口数据的检测预警等方面。

（三）贸易便利化创新改革呈现碎片化，系统集成有待提高

通过梳理中国自由贸易试验区贸易便利化的最新进展不难发现，各自贸区都在探索提升贸易便利化的措施、做法，同时与贸易便利化相关的各管理部门（海关、口岸、检验检疫、税收等）也能结合自身的监管内容总结出创新的经验。自由贸易试验区改革"碎片化"情况存在，在贸易便利化改革方面更为突出。现有的改革更多集中在对原有制度、流程、做法

的细枝末节的理顺和完善。而改革的整体性、协同性不强，配套措施衔接不足，协调机制不健全等情况，使得制度创新和风险防范的系统集成有待加强。以贸易便利化改革系统集成度最高的国际贸易"单一窗口"为例，现在相对成熟的四个自由贸易试验区都建立了国际贸易"单一窗口"，并且已经开始运行。国际贸易"单一窗口"基本已经纳入海关、检验检疫、海事、机场、港务等多个部门，并初步实现了货物进出口、贸易许可与资质、支付结算、自贸专区、人员申报、信息共享和政务公开等功能。极大地便利了通关企业，降低了企业的申报成本，受到了企业的广泛欢迎。但是仔细分析不难发现，四个自贸区的国际贸易"单一窗口"模式不尽相同，操作流程不统一，数据元不标准等问题较为突出。这就要求从顶层设计出发，尽快形成中国的国际贸易"单一窗口"标准版，在全国复制推广。自贸区贸易便利化改革仍需要深入推进跨区域、跨部门、多条线整合，更加注重从贸易链、物流链全过程考虑，在基础建设、机制改革、法律调整、部门协同等多个领域同步配套推进。

（四）建立统一信息化通关系统，实现通关全程电子化、无纸化

在自贸区贸易便利化形成的改革经验中，有很大部分属于技术性的改革措施。主要是应用信息化手段来提高效率，改变工作流程。例如，海关等部门运用信息技术手段打造通关智慧平台，推出实施"互联网＋"、海关电子税单、货运电子运单、远程在线办理等作业模式，提高工作效率和办事效率。目前，各个自贸区还没有建立统一的信息化通关系统，而是根据自身的财力和实际的需要，各自开发了相应的智能通关系统。这样的做法导致系统的功能不统一，系统相互的兼容能力差，并存在很大程度的重复设计开发问题。因此需要相关部门加强信息化建设，建设全国统一的智能通关系统，并逐步开放数据接口，完善信息共享机制，推进数据简化和标准化，实现通关的智能化。

第二章 体制性和政策性贸易便利化改革

第一节 实行内销选择性征税
（天津、福建）

（一）内容概述

自贸试验区海关特殊监管区域内企业加工、生产并销往国内市场的货物，企业可根据其对应进口料件或实际报验状态，选择缴纳进口关税。主要涉及财政部、海关总署、税务总局等部门。

（二）实施情况

1. 天津自贸区

实施范围为天津港保税区、天津保税物流园区、天津东疆保税港区、天津滨海新区综合保税区等海关特殊监管区。天津自贸试验区挂牌后，海关总署印发

《支持和促进中国（天津）自由贸易试验区建设发展若干措施》（加贸函〔2015〕114号），要求在天津自贸试验区实施内销选择性征收关税政策。根据天津自贸试验区总体方案和总署支持措施精神，发布天津海关2015年第8号公告，对自贸试验区内海关特殊监管区的企业开展内销选择性征收关税业务相关事宜进行明确。

2. 福建自贸区

2015年2月，在福建自贸试验区平潭片区试点全国首票内销选择性征税业务。为顺利推行该项业务，福州海关作为试点海关，全程参与海关总署H2010税收征管系统的开发及业务规则的制定，试点后于2015年4月发布福州海关第5号公告，允许在福建自贸试验区福州片区的海关特殊监管区域和平潭综合实验区（以下简称"区域"）开展内销选择性征收关税业务。如平潭片区内生产加工企业申请内销选择性征收关税的，海关使用E账册进行管理，使用E账册的生产加工企业办理内销业务时，由区域内生产加工企业在预录入系统内填制《内销选择性征收关税联系单》（以下简称《联系单》），经海关审核后生成报关单，办理内销征税手续；福州片区、厦门片区海关特殊监管区域（保税区、保税物流园区除外）内的生产加工企业申请内销选择性征收关税的，海关使用H账册进行管理，先由区域内生产加工企业填制《联系单》，区域外企业通过在报关单的"随附单证"栏内录入《联系单》编号，调取《联系单》信息完成报关单申报，向海关办理内销征税手续，再由区域内生产加工企业向海关申报出境备案清单。

（三）创新性

1. 天津自贸区

自贸试验区改革前，除天津港保税区外，自贸试验区其他海关特殊监管区域实行内销货物按照实际状态征税；改革后，对符合条件的企业生产、加工并经"二线"销往国内市场的货物，企业可根据自身经营情况和综合税负的高低，不论当时内销的产品是否已经成品，均可自主决定按照对应进口料件申报纳税还是按照产品当时的状态申报纳税。

2. 福建自贸区

福建自贸区突破了原先海关特殊监管区内销货物只能按报验状态征税的限制，在内销时生产加工企业可自主选择按照对应进口料件或按实际报验状态征收关税。

（四）实施效果

1. 天津自贸区

政策实施至今，天津关区共审批完成选择性征税业务 360 票，货值 1072.9 万元，增税 303.5 万元，为企业减轻税负 70 余万元，目前该政策运行顺利，惠及企业反响良好。该政策有效降低了企业税负成本，助力企业拓展内销市场，灵活面对国际国内两个市场，在竞争中占据主动地位。同时，通过该政策与保税货物自行运输、统一备案清单、批次进出、集中申报简化无纸通关随附单证、简化国内采购物料登记手续、创新"自主核销"新型加工贸易监管方式等海关特殊区域创新举措组合使用、叠加优势，天津自贸试验区内的新型海关特殊监管区域监管体系已初步形成。在此基础上，通过坚持问题导向，深化改革，依靠市场力量、依靠制度创新、依靠优化管理，将进一步推动海关特殊监管区域从原来的"两头在外""单一功能"转变为满足产业"两种资源，两个市场"的多元化发展需要。

2. 福建自贸区

该措施有效减轻了企业税负，促进企业发展。特别是在《海峡两岸经济合作框架协议》（ECFA）早期收获清单外的中国台湾产品，投资者可选择在海关特殊监管区域设立生产加工企业，从中国台湾进口原材料和零部件在海关特殊监管区域生产加工后销往内地，在内销时按照对应进口料件或成品就低征收关税，大大减轻产品的关税负担。2016 年 9 月根据《财政部海关总署国家税务总局关于扩大内销选择性征收关税政策试点的通知》，将内销选择性征收关税试点扩大到自贸试验区外的泉州综合保税区。截至 2017 年 3 月，福建自贸试验区 7 家企业参与选择性征收关税，涉及货值 728.93 万美元，共计征税 1013.4 万元人民币。

（五）法律问题

内销选择性征收关税制度，始终在海关总署及国家相关部门的统一部署下，以法治思维和法治方式分步、有序推进，不涉及调整法律、行政法规、国务院文件、经国务院批准的部门规章等。

（六）推广建议

2016 年财政部、海关总署、国家税务总局根据《国务院关于促进外贸回稳向好的若干意见》（国发〔2016〕27 号）中"在自贸试验区的海关特殊监管区域面积积极推进选择性征收关税政策先行先试，及时总结评估，在公平税负原则下，实施研究扩大试点"的要求，联合印发《关于扩大内销选择性征收关税政策试点的通知》（财关税 2016〔40〕号），将内销选择性征收关税政策试点扩大到天津、上海、福建、广东 4 个自贸试验区所在省（市）的其他海关特殊监管区域，以及河南新郑综合保税区、湖北武汉出口加工区、重庆西永综合保税区、四川成都高新综合保税区和陕西西安出口加工区 5 个海关特殊监管区域。

天津和福建自贸试验区也认为该项创新成果在具体操作上已具备向全国推广的技术条件，海关总署已统一开发并部署上线运行 H2010 系统和电子口岸预录入系统。一旦推广，各实施海关只需向总署申请打开系统开关，即可运行。所以建议推广至全国所有海关特殊监管区域（保税区、保税物流园区除外），适用对象为信用等级类别为一般信用及以上的企业。

第二节　实施海关税收总担保制度
（天津、福建）

（一）内容概述

进一步建立完善涵盖所有涉税担保业务、所有通关现场的税收总担保制度，通过银行保函统一备案，将企业"一票一保"的通关担保业务纳入海关"银行税款总担保"体系。主要涉及海关总署等部门。

（二）实施情况

1. 天津自贸区

2015 年天津海关发布 2015 年第 35 号公告，"为推进中国（天津）自由贸易试验区货物通关便利化，优化企业涉税担保、简化涉税担保手续，依据《中华人民共和国海关法》和《国务院关于印发中国（天津）自由贸易试验区总体方案的通知》（国发〔2015〕19号）精神，对试验区内深化涉税担保业务相关事宜公告"。即从公告发布之日起，天津海关银行税款总担保业务将覆盖所有通关涉税保函担保业务，包括现场担保业务均可比照银行税款总担保管理办法执行。

2. 福建自贸区

目前已在福州关区、厦门关区的进出口企业中实施，具体操作流程包括：第一，申请总担保。企业递交的材料应包括《总担保申请审批表》复印件、银行保函正本或保证金收据复印件及其他相关单证。海关评估后予以确认，建立该企业总担保台账。第二，总担保适用。每次使用总担保时，海关在总担保台账扣担保额度，担保放行货物。税款缴纳后，恢复担保额度。第三，总担保的核销。总担保项下保金保函在审批期限内已全部核销，核对无误后，可以办理总担保核销手续。企业向海关递交《保证金收取/退还审批表》、原《总担保申请审批表》、保证金收据及相关材料，海关据此核销总担保，退还保证金或银行保函。

（三）创新性

1. 天津自贸区

实现了税款总担保的形式，解决了通关担保问题，使得企业无须开具多张保函或多次缴纳保证金即可通过一次一张保函解决通关担保问题,不仅加快了通关速度,提高了通关效率,而且提高了保函使用效率,使企业担保授信更加有效地发挥作用。

2. 福建自贸区

旧模式下,在办理进出口货物担保过程中,需以企业为单元,一家企业只能就单项单次业务申请办理一份担保。新模式下,不再局限于企业"一票一保"模式,企业同类涉税担保业务,允许企业在银行保函额度内办理多次业务,减少审批次数,简化流程环节,进一步优化税收征管,为企业缓解资金压力,减负增效。

(四) 实施效果

1. 天津自贸区

公告发布后,天津海关税款总担保业务平稳增长,2015 年备案总担保保函 146 份,2016 年备案 166 份,2017 年截至 3 月 20 日备案 33 份。该业务开办以来备案达 1202 份,并且将银行税单中担保业务扩大到船舶吨税担保、新快件通关担保等多个领域。从备案和应用的数量上看,这一做法得到了企业的普遍认同,并广受好评。同时,企业将天津海关这一做法宣传到其他口岸,并希望其他口岸学习天津海关的做法。另外,由于税款总担保是天津海关出台的业务改革，所以，对应开发的"天津海关银行保函系统"目前还不能被纳入海关运行系统中与业务同步。

2. 福建自贸区

企业可免于逐批申请、逐票提供担保，切实简化业务办理手续，减少了审批流程，提高了通关时效，为企业节约了人力、物力和时间成本。该项创新成果适用于经常性因同一事由提交保证金的进出口企业，如汇总征税、分期纳税、二次结算等相关税收管理都可纳入海关"银行税款总担保"体系。以二次结算为例，国际大宗散货贸易合同一般都会约定货物到达卸货港后先支付部分货款，再凭当地商检机构出具的重量证书和品质证书及其他合同约定价格调整因素调整货物总价，此时企业再与外方二次结算货款，这个过程一般需要一至两周甚至几个月，海关为加快大宗散货通关速度，先依据企业申报价格征收税款并收取差额税款担保后先放行货物，待二次结算后再根据大宗散货实际成交价格调整税款。截至2017年3月，福州海关共为近10家企业办理总担保业务，涉及担保税款近40亿元，该项创新成果深受企业好评。

（五）法律问题

该项创新成果涉及《中华人民共和国海关事务担

保条例》（国务院令第581号）第十一条"总担保的适用范围、担保金额、担保期限、终止情形等由海关总署规定"。暂未涉及其他法律问题。

（六）推广建议

建议参照现有海关H2010系统进行管理，由海关总署总结评估后在全国海关复制推广，适用对象为全部进出口企业。

第三节　出入境 C 类快件检验检疫监管制度（天津、福建）

（一）内容概述

检验检疫机构对 C 类快件（快件运营人在特定时间内以航空运输的方式承运的样品、礼品、非销售展品和私人自用物品），实施便利化检验检疫措施和清单管理制度，明确了禁止以 C 类快件形式入境的产品清单，实现了与跨境电子商务形式禁止进境商品名录的有效衔接。对入境 C 类快件，应实施检疫的，按有关规定实施检疫，免予检验，促进跨境电商直邮模式业务的发展。主要涉及质检总局等部门。

（二）实施情况

1. 天津自贸区

2016 年 3 月，《中国（天津）自贸试验区出入境空运 C 类快件检验检疫监督管理规定（试行）》作为天津出入境检验检疫局（以下简称天津检验检疫局）自贸试验区第三批 18 项创新制度之一对外发布。实施出入境空运 C 类快件（快件运营人在特定时间内以航空运输的方式承运的样品、礼品、非销售展品和私人自用物品）检验检疫监管制度是天津自贸试验区配合天津市跨境电子商务试点城市总体布局的重要举措。在国家质检总局领导下，天津检验检疫局着力搭建空运 C 类快件检验检疫新平台，开拓了空运 C 类快件检验检疫监管新模式，取得了突出成效。目前，总结提炼出的"便利化措施" + "清单管理"等一系列可推广、复制的监管措施，已经成为全国检验检疫邮检机构的主要模式和关注焦点。检验检疫机构对经天津自贸试验区出入境的空运 C 类快件，实施便利化检验检疫措施和清单管理制度，明确了禁止以空运 C 类快件形式入境的产品清单，实现了与跨境电子商务形式禁止进境商品名录的有效衔接。对入境空运 C 类快件，应实施检疫的，按有关规定实施检疫，免予检验，促进了天津自贸试验区跨境电商直邮模式业务的发展。

该监管制度的实施范围为天津口岸空运出入境 C 类快件（样品、礼品、非销售展品和私人自用品），目前包括两个一级货运站，快件库房操作面积达 11000 平方米。天津检验检疫局根据监管制度制定了《中国（天津）自由贸易试验区出入境空运 C 类快件检验检疫作业指导书》，规范了空运 C 类快件的检验检疫具体流程。2013 年年底，天津检验检疫局成立专门机构——天津检验检疫局邮检办事处，整合辖区邮件、快件检验检疫业务，对其检疫监管制度进行探索创新，出入境空运 C 类快件检验检疫监管制度出台后，邮件办事处严格按照制度与作业指导书执行，逐渐形成了"互联网＋"、X 光机/CT 机、检验检疫人员手持无线终端、检疫犬等综合监管手段，实现了 C 类快件的快速检疫放行及高效监管。并创造有利条件与海关实现"三个一"，定期与相关单位组织业务分析会。

2. 福建自贸区

福建检验检疫局对入境 C 类快件实施便利化检验检疫措施，对入境 C 类快件，应实施检疫的，按有关规定实施检疫，对免于检验的快件制定清单管理制度，明确禁止入境产品清单并对快件运营企业进行政策宣传。厦门检验检疫局发布《关于对福建自贸试验区厦门片区进出境个人自用物品实施便利化检验检疫监管措施的通知》（厦检通函〔2015〕96 号）、《关于对进出境个人自用物品进一步实施通关便利化措施的通知》（厦检通函〔2015〕228号），对国际快递或邮寄方式入境的个人自用物品免予检验，对无订单信息的入境商品实施"入区检疫、集中预检验、出区核销"，并通过专用通道进行申报，全面推行清单管理，建设跨境电子商务检验检疫监管平台及厦门跨境电商公共管理服务平台，跨境电商产品和EMS个人网购小包通过"厦门跨境电商公共管理服务平台"申报，实现了"电子申报＋电子审单＋同屏比对＋即查即放"的监管新模式，合格商品6秒内快速验放。

（三）创新性

1. 天津自贸区

该技术的创新点在于清单管理和便利化检验检疫措施，通过负面清单删除禁止进境物，便利化检验检疫措施保障通关效率。

第一，实施负面清单管理。天津检验检疫局将《中华人民共和国进出境动植物检疫法》《中华人民共和国进出口商品检验法》《中华人民共和国国境卫生检疫法》等法律法规中的相关要求进行了梳理分析，制定了C类快件管理负面清单。清单管理明确了禁止以空运C类快件形式入境的产品，有9大类，包括：进出境动植物检疫法规规定的禁止进境物；未获得检

验检疫准入的动植物产品及动植物源性食品；列入
《危险化学品目录》《危险货物品名表》《〈联合国关于
危险货物运输建议书规章范本〉附录三〈危险货物一
览表〉》《易制毒化学品的分类和品种名录》和《中国
严格限制进出口的有毒化学物品目录》的物品；特殊
物品（取得进口药品注册证书的生物制品除外）；含
可能危及公共安全的核生化有害因子的产品；废旧物
品；机动车辆；列入《中华人民共和国禁止携带、邮
寄进境的动植物及其产品名录》的；法律法规禁止进
境的其他产品和国家质检总局公告禁止进境的产品。

　　第二，便利化检验检疫措施。一是对相关企业实
施提前备案。按照天津检验检疫局备案的资质规定执
行备案。二是确定了"检疫不检验"的原则。组织专
家对"四法五条例"及质检总局相关规定进行认真研
究，经请示天津检验检疫局确定了对入境快件"只检
疫不检验"的监管原则。在实践中对入境物品全流程
过程需要进行检疫的环节进行梳理，主要依据1712号
公告对入境商品进行放行、送检、退运或销毁。三是
建设电子化检验检疫平台。为提高工作效率，利用5
个月时间集中研发了"天津检验检疫局跨境快件电子
检疫平台"，实现了申报、审单、布控、查验、放行、
统计分析六环节的电子化、信息化、无纸化。四是利
用移动终端实现查验电子化。制定了《中国（天津）

自由贸易试验区出入境空运 C 类快件检验检疫作业指导书》，规范现场查验每一个细节，规定了 X 光机检监视、预布控开箱、随机开箱、检疫犬嗅探 4 种现场查验方式在移动终端的整合，并保证了数据接口、传输、存贮的安全性。

第三，实现"三个一"和全程无纸化。创造有利条件与海关实现"一次申报、一次查验、一次放行"，定期与相关单位组织业务分析会。电子检疫平台的建成使全程无纸化得以实现。

2. 福建自贸区

对国际快递或邮寄方式入境的个人自用物品免予检验，不实施品质检验和验证管理，只实施检疫监管。

（四）实施效果

1. 天津自贸区

通关时间较制度执行前平均每批货物节省 0.5 天。每单平均为企业节约物流成本 120 元，口岸快速放行率达 88%，口岸通关效率提升了 75%，显著提高了区域贸易便利化水平。2016 年全年共查验出单 13709 票，查验分单 673.4 万票，为企业节约物流成本 200 余万元。

第一，促进了快件运营企业的发展。实施出入境空运 C 类快件检验检疫监管制度促进快件运营企业飞速发展，截至 2017 年 5 月，快件运营企业已由制度实施前的 9 家发展到 14 家。实施清单管理前，天津自由贸易试验区空港片区仅有 9 家快件运营企业，从业人员大都对政策了解不深或者表示难以全面掌握，对客户快递违禁品的行为不能及时提示、制止，清单管理实施后，违禁品一目了然，企业对招录人员的要求也可相应降低。另外电子平台上线前，信息的流转主要依靠纸质单证，一票运单经常需要 3—4 人跑报检通关，电子平台上线后，数据依托平台在检验检疫与库区之间实施流转，企业仅需 1 人负责快件报检通关业务，企业运营成本、人力成本都有大幅度降低。

第二，提升了验放速度。依托电子信息化检验检疫平台，受理人员改以前的手工审单、布控、放行为全电子化，布控可以按敏感词、按收货人、按重量、按物品名称、系统随机等方式自由组合实现，并且数据与库管系统直接对接、实时传递，省去了打印布控单、放行单等过程，平均每个主单节省时间在 20 分钟以上。检验环节，检验检疫人员利用手持无线查验终端就可以完成预布控查验、随机布控查验、检疫犬抽查等过程，并可在现场同时完成查验图像上传、违禁品处理意见登记、处理凭证生成，平均每个主单的查验也可节省 30 分钟以上。

第三，实施了有效监管。通过建立 C 类快件负面清单，明确了 9 大禁止以空运 C 类快件形式入境的产品清单，涵盖了现行法规检验检疫禁止入境产品全覆盖，确保监管无死角。

2. 福建自贸区

截至 2017 年 2 月，共采用该模式放行 59774 件，2177.4 吨的进出境电商产品。

（五）法律问题

本制度并不涉及调整法律、行政法规、国务院文件、经国务院批准的部门规章的内容，与现行上位法并无相悖之处。另外，现行快件的执法依据《出入境快件检验检疫管理办法》是 2001 年颁布的，近年来 C 类快件业务迅速发展的态势较 2001 年已不可同日而语。建议针对 C 类快件更新出台匹配业务发展现状的管理办法。

（六）推广建议

本制度可复制、可推广，建议质检总局统一执法标准、监管模式和查验方法，推广至具有一定 C 类快件检验检疫业务量的口岸部门。下一步应研究怎样依托电子检疫平台完善 C 类快件运营企业分类监管相关事宜，通过日常监管，规范企业行为，对行为较优企业实施"绿色通道"等更加便利化的检验检疫措施。

此外，出入境 C 类快件是指快件运营人在特定时间内以航空运输的方式承运的样品、礼品、非销售展品和私人自用物品。在《出入境快件检验检疫管理办法》第十八条，检验检疫机构对出入境快件实行分类管理：A 类为国家法律法规规定应当办理检疫许可证的快件；B 类为属于实施进口安全质量许可制度、出口质量许可制度以及卫生注册登记制度管理的快件；C 类为样品、礼品、非销售产品和私人自用物品；D 类为以上三类以外的货物和物品。

第四节　关检"一站式"查验平台＋监管互认（福建）

（一）内容概述

海关与检验检疫部门强化协作，实现作业空间合并、作业时间一致、作业系统并行，场所设施、查验设备等资源共享，对特定商品、对高资信企业互认对方查验或检验数据和结果，真正实现了"一次申报、一次查验、一次放行"。主要涉及海关总署、质检总局等部门。

（二）实施情况

2015 年年初，福建自贸试验区关检部门在全国率先实施该项措施，有效提升了通关速度，降低了企业成本，有力推进了福建口岸大通关建设。

一是深入推进关检合作"三个一"改革。海关与检验检疫部门创新机制，实行"一次录入，分别申报；一次开箱，依法查验；关检联网，一次放行"的通关模式，优化口岸通关环境，依托信息化技术，为企业节约成本、提高通关效率。

二是率先实现关检"一站式"查验。为进一步扩大联合执法、联合查验范围，厦门海关和厦门检验检疫局主动改革和积极创新，发布《厦门海关厦门出入境检验检疫局关检"一次查验"实施配合办法（试行）》，2015 年 2 月在全国率先启用关检"一站式"查验场，通过优化监管执法流程，逐步由"串联执法"转为"并联执法"，实现作业时间上的一致、作业空间上的合并、作业系统上的并行，为广大企业提供高效率、低成本的口岸通关模式。2015 年 4 月 21 日，福建自贸试验区挂牌当天，东渡、象屿、海沧东查、海沧西查四个"一站式"查验场揭牌启用。

三是开展自贸试验区"监管互认"试点。以"一次查验"为基础，探索开展关检查验或检验检疫结果和数据的互认，"监管互认"模式包括两种："企业＋商品"模式，即对关检双方认可的高资信企业进出口的不涉证、不涉税、较低风险商品，关检互认对方查验或检验检疫结果和数据；对特定商品的查验或检验检疫结果和数据进行互认，互认要素包括品名、数量、重量。对于试点"监管互认"货物，由检验检疫部门先进行检验检疫，海关则视查验需要对检验检疫部门出具的检验检疫结果予以认可，并根据检验检疫部门发送的检验检疫报告直接进行品质和数量的结果认定，海关原则上不再要求二次掏箱，从而进一步简化了通关流程，降低了物流成本，提高了货物的通检效率。

四是实现福厦关区全覆盖。在试点成功的基础上，省政府发文自 2015 年 7 月起福建省全面复制推广。2015 年 7 月，泉州、漳州、东山、龙岩及厦门行政辖区内的各业务现场均与所在地检验检疫机构完成"一站式"查验场地的选址，并设立显著的标识，同时关检双方以对外发布公告、制定联系配合办法等途径夯实合作基础，明确双方责任，建立定期通报制度，形成"一个办法、一片区域、一项制度"的关检"一站式"查验固化工作模式。2015 年 11 月，福州海关马尾、福清、长乐、莆田、宁德、三明等地的海关与检验检疫机构完成了"一站式"查验场地的挂牌仪式，全面实现关区关检"一站式"检验全覆盖。

（三）创新性

福建自贸试验区推出实施的关检"一站式"查验

为全国首创。第三方机构经评估认为，福建自贸试验区关检"一站式"查验打造了关检部门高效畅通合作的样本。将过去口岸通关现场的海关与检验检疫两个口岸执法单位、两个业务链条、两个作业系统、两个查验场所，通过整合优化，实现作业时间上的一致、作业空间上的合并、作业系统上的并行，互认对方查验或检验数据和结果，为广大企业提供高效率、低成本的口岸通关模式。

（四）实施效果

"一站式"查验是企业满意率最高的贸易便利化措施。截至 2017 年 2 月，福建关检部门共实施联合查验 13609 票，37246 个标箱。开展"监管互认"以来，关检双方已验放 1151 票，8072 个标箱。主要成效有：一是减少企业 30% 的重复申报项目。改革前企业申报需提交的海关申报数据为 73 项，检验检疫数据为 96 项，合计 169 项。"一次申报"方式后，相同项目不需重复申报，企业仅需申报 105 项，减少了超过 30% 的申报项目。二是缩短企业 40% 的通关时间。据测算，关检合作"一站式"查验和"监管互认"，使企业的通关时间缩短约 40%。三是节省约 50% 的人力资源。由于实现了关检"一站式"查验，货主及其代理人员可在现场一次性配合海关、检验检疫部门执法，无须两次下场；同时码头移柜、掏箱作业由两次减为一次，相应人力得到节约；另外，由于实现了部门间信息数据共享、自动对碰，使原本需要海关及检验检疫工作人员手工进行的验核、封单、盖章等简单重复劳动大大减少，节省约50%的人力资源。四是每标准集装箱节省600元物流成本。将货物两次移柜、两次掏箱简化为一次移柜、一次掏箱，每标准集装箱可为货主节省移柜、掏箱费用约600元，其中移柜费用约300元，掏箱费用约300元（全卸状态），同时也大大减少了因掏箱而产生的物损，节省了查验场地和设备的投入。五是有效提高码头场地使用效率。以厦门港集装箱码头公司为例，原来码头需设置海关查验场地11600平方米，检验检疫部门查验场地15200平方米。实施业务改革后，码头只需设置关检"一站式"查验场地20000平方米。"一站式"查验已实现全省覆盖，全省共节约查验场地22万多平方米。

（五）法律问题

该项创新成果不涉及相关法律、法规的调整实施。

（六）推广建议

虽然涉及海关和质检部门的协同合作，但该项创新成果复制推广的门槛和学习成本较小，建议作为最佳实践案例印发全国学习借鉴。

第一，开展关检部门联合培训。应进一步梳理工作流程，寻找合作交叉点，形成关检"三互"及"一站式"查验合作通关操作规范，固化关检双方"三互"及"一站式"查验工作形成的经验；对接检验检疫预约功能模块，形成关检"一站式"查验预约平台。根据关检"三互"工作进度，按照业务种类在关检系统内联合开展业务联合培训，加强对现场工作的督导、跟踪和评估；对共享设备使用人员进行互助培训，确保口岸现场执法人员熟悉、了解、掌握"三互"及"一站式"查验工作具体要求和做法。

第二，加大联合宣传广度、深度和力度。建立企业意见征询和回访机制，及时收集企业遇到的困难和问题，定期答疑解惑；建立联系机制，并通过专报载体，定期向地方党政及有关部门通报"三互"及"一站式"查验工作进展情况；加大外宣力度并统一对外口径，通过政务信息、新闻媒体、举办企业宣讲会、微信发布等多种渠道和形式，统一采访，统一通稿，统一宣传，不断向社会各界广泛宣传推进，扩大关检"三互"及"一站式"查验工作的覆盖面和社会影响力。

第三，增强执法结果互认。进一步拓展关检合作领域，提升合作层次，海关、检验检疫部门对货物通

过联合监管场所实现"联合查验、一次放行"。推广
"前台共同查验、后台分步处置"综合执法试点。在
"一站式"作业的基础上,优化口岸执法资源,在口
岸部门间实现监管互认。关检双方根据试点情况,不
断总结评估,根据业务需求开发外挂辅助系统,实现
"监管互认"电子数据交互对碰。

第三章 工作机制性贸易便利化改革之一

第一节 "先进区后报检"制度
（上海、福建）

（一）内容概述

允许企业向检验检疫机构申报后，先到口岸提货进入海关特殊监管区，然后在规定时间内办理报检手续。主要涉及质检总局等部门。

（二）实施情况

1. 上海自贸区

海关实施"先进区后报检"，企业可以凭进境货物的舱单等信息先向海关简要申报，并办理口岸提货和货物进区手续；检验检疫的"先进后报"，企业可向检验检疫机构申报后，按指令先至入境口岸提货进区，并在规定时限内"自由"安排时间向驻区检验检疫机构办理入境货物报检、交单或查验手续等。

具体来看,在对入境检疫物、重点敏感货物严格把关的前提下,在上海自贸区"一线",检验检疫将原有的与海关的串联模式改变为并联模式。企业可24小时全天候向检验检疫机构电子申报后,按照指令至入境口岸提货后先进区,然后在规定时限内向驻区检验检疫机构办理入境货物报检、交单或查验的申报放行做法。目前,"先进区后报检"政策已覆盖外高桥保税区、洋山保税港区和机场综保区。在上海自贸区"二线",最大限度地将现场检验和实验室检测时间消化在区内仓储期间,大幅加快了货物出区速度。以进口食品和化妆品为例,上海调整优化了进口食品、化妆品电子监管系统,对于上海自贸区内已入境但尚未进口的食品、化妆品,企业通过网上自愿申报,检验检疫机构按进口要求对整批货物实施检验检疫。在规定的检验检疫结果时效期内,企业可以分批申报进口,不再重复实施检验检疫。

2. 福建自贸区

福建检验检疫部门在辖区内口岸所在地海关特殊监管区域实施分线监督管理模式,允许企业向检验检疫部门提前申报基础信息后,按规定对货物及其包装物、铺垫材料、运输工具、集装箱等实施卫生检疫、动植物检疫和放射性检测，货物可先进入海关特殊监管区，然后在规定时间内企业办理报检手续，补齐所需全部单证。

（三）创新性

改变了过去因单证延误无法报检的问题，降低了由此产生的滞港和滞箱费用。相比原先的"先报检后进区"模式，可为企业节省至少半天的物流时间，并使企业化被动为主动，自主安排交单查验，使企业真正享受"物畅其流"。

（四）实施效果

1. 上海自贸区

企业通关时间大幅减少，比以往正常报关报检柜台交单办理节省至少1天半的时间。货物贸易实现了出区时的"零等待"，大大缩短了通关时间，如进口酒类产品、化妆品检验检疫流程分别从原来的12—15个工作日缩短为3个工作日。此外，对进境物流时间节点的可控性也增强了很多。作为首批试点企业，上海保正国际物流股份有限公司在运行情况反馈中提到，"先进区后报检"模式为企业带来了实实在在的便利和优势。而且，在有效降低人员用工成本、提高报检人员效率的同时，该措施也有效减少了入境检疫查验单证流转时间，使得物流运输进境进区更利于安排。

2. 福建自贸区

该措施最大限度节约了企业通关时间及滞港费用。截至 2017 年 2 月，福州口岸共对 70586 批，价值 106.22 亿美元的进口货物实施分线监督管理。厦门口岸共对 44140 批，价值 24.87 亿美元的进口货物实施分线监督管理。

（五）法律问题

该项创新项目不涉及相关法律、法规的调整。

（六）推广建议

该项创新项目符合国际贸易通关便利化的改革方向，具有创新性，企业受益面广，但是由于客观条件限制，建议在国境口岸特殊监管区域复制推广，内地口岸特殊监管区域暂不适用。

第二节　国际中转集拼货物"快检快放"制度（上海、广东、天津）

（一）内容概述

对明确为中转集拼的货物，在通检流程上采取快速处理机制。同时，参照国际惯例对检疫证书及原产地证书签发管理机制作相应调整。主要涉及质检总局等部门。

（二）实施情况

1. 上海自贸区

国际中转集拼分为海运和空运两种。海运国际中转集拼，指将境外通过近洋、远洋等国际航线运至本港的进口货物，国内通过沿海、沿江船舶转关至本港的出口货物，以及在海关特殊监管区域存储的保税状态货物等，拆箱进行分拣包装，并根据不同目的港或不同客户，与本地货源一起重新拼箱后再运送出境的一项港口物流增值业务。空运国际中转集拼指将境外的空运普货、快件，国内转关货物，以及保税状态货物等进行拆箱分拣，与本港出口货物重新拼箱出运的空运国际转运业务。

上海市委市政府一直将国际中转集拼试点当作重点任务推进，口岸监管部门大力支持，港航企业积极参与。上海海关于 2014 年年底发布了《关于中国（上海）自由贸易试验区开展海运国际中转集拼业务的公告》，明确了业务操作的具体办法，太平名威、同景物流两家试点企业走通了业务全流程。2015 年，保税区管理局提出了搭建国际中转集拼平台的设想。2016 年，保税区管理局拓展了面向直接客户的中转集拼模式，申请商船三井、中外运等6家企业参与试点备案，同时上海海关中转集拼舱单管理系统上线。空运货物国际中转集拼业务在浦东机场目前还主要是纯粹的国际转国际货物，相关单位主要依据2002年《上海海关空运国际转运货物监管办法（试行）》，以普货和快件的机坪直转开启试点，并在快件上逐步实现了拆箱又拆总运单的中转。

2. 天津自贸区

天津检验检疫局出台了《中转货物原产地签证管理规定》，对中转货物提供原产地签证服务，未加工的签发未再加工证明或原产国证明，加工后符合中国原产地规则的签发相关原产地证明。对出境保税物流仓储货物原产地签证，采取"凭证换发、分批核签"的签证模式。

3. 广东自贸区

国际中转集拼主要针对食品，明确国际中转食品免于检验、免于中文标签、免于前置性准入要求（相关食品安全法规有规定的除外），对原柜直接转运的国际中转食品免于现场查验，对不同检疫风险的国际中转食品设定不同的现场查验比例。

（三）创新性

"国际中转集拼"是"国际中转"模式下的一项

物流服务功能创新，从海运集装箱领域首先提出。国际中转集拼业务不仅可以开拓间接货源腹地、降低物流成本、促进小批量货物出口，还能促进港航要素集聚并推动口岸功能延展和效率提升，已经成为衡量国际枢纽港的重要指标。

（四）实施效果

一是可以大幅度降低企业的通关时间。按传统运作模式，一票海运国际中转集拼货物在上海港中转，需要先后辗转进口分拨仓库、试点企业仓库，以及港区拼箱监管场所，通关时间至少在 5 天以上（如果将货物申报、运输、理货等在内的综合处理时间计算在内，则需要 10—15 天）。二是能降低企业通关费用。以上海为例，按传统运作模式，国内出口货物入区集拼需要进出区两次申报，再加上航线分布原因，部分国际中转货物需要在外高桥港区和洋山港区之间短驳、装卸，增加了企业的操作成本。

具体而言，以上海机场国际中转集拼快件业务为例，目前，除活动物以外，国际中转集拼快件入境前或入境时，仅需向检验检疫部门申报 EDI 电子信息，无须报检。检验检疫物流监控系统对入境申报信息进行 7×24 小时自动审核，并即时向申报人反馈信息，确认指令。中转货物复出境时，企业须以"出库单"

为依据，向检验检疫部门全数报送 EDI 出境信息，一进一出、一一对应。这张精心编织起的电子信息围网也可有效防控可能存在的检验检疫监管风险。但是也要看到，目前韩国釜山、中国香港、新加坡的海运国际中转比例分别达到了 50%、60% 和 85%，中国香港机场、韩国仁川机场、美国孟菲斯机场的空运国际中转业务比例分别达到了 50%、44%、98%。相比之下，上海的海运、空运国际中转比例还处在15%、5%左右的水平，发展潜力巨大。

（五）　法律问题

该措施不涉及相关法律问题，但是质检总局需要制定统一的规则制度，对检疫证书和原产地证书的管理机制做出调整。

（六）　推广建议

该措施符合国际贸易通关便利化改革方向，有利于加强中国在国际转运中的地位，建议在全国海关尽快推广。下一步，质检总局要适应业务发展需求，不断完善中转集拼监管流程，改善监管人力与信息系统；研究中转集拼立法保障、完善工作机制、调整业务流程、优化监控技术手段。

第三节　"空检海放"便捷化监管制度
（上海、天津、福建）

（一）内容概述

空运样品提前检验，同一批次海运货物到岸后快速验放。主要涉及质检总局等部门。

（二）实施情况

1. 上海自贸区

在做好安全监管措施的前提下，根据"空检海放"创新模式，在货物到港前，先行对空运同批次样品实施检验，在进口商自我承诺的基础上参考空运检验结果实施合格评定，做到"货未到而知结果、一到港即放行"。

2. 天津自贸区

天津检验检疫局出台了《中国（天津）自由贸易试验区进口食品"空检海放"贸易便利化管理规定（试行）》，在自贸区的进口食品检验检疫监管工作中引入"空检海放"查验模式，即检验检疫部门对进口企业先行空运的小批量进口食品实施检验，在进口商自我承诺有合格证明的基础上结合空运食品的检验结果对后期海运同批次大批量进口食品实施合格评定。

为了保证"空检"样品和"海放"样品的一致性，对于婴幼儿配方食品等高风险重点敏感产品，除对"空检"样品实施全项目检验外，还不定期对"海放"样品抽样进行微生物、真菌毒素等重点指标的符合性验证，用于核查空检、海放食品是否属于同批产品，进一步保证产品的质量安全。

3. 福建自贸区

对同批次食品分属空运、海运先后抵港的，由检验检疫部门对先行抵达的空运食品样品实施检验，对海运同批次食品在进口商承诺合格的基础上参考空运食品检验结果进行合格评定。同时，施检部门会对海运食品进行验证性检测，为"空检海放"套上"边检边放"的双保险。

（三）创新性

有效充分利用了同一批货物空运和海运到港的时间差，同时通过食品进口商提供合格证明材料，又有效地履行落实企业主体责任，确保其对进口产品的质量安全负责。

（四）实施效果

1. 上海自贸区

以下案例可说明该措施的效果：2015 年 3 月 28

日，雅培公司以空运方式把将要进口的一批婴幼儿配方奶粉的样品提前送到检验检疫部门实施检验。5月11日，完成首次进口全项目实验室检测、标签版面格式进口检验、标签备案等繁复的流程。5月22日，同生产批号的货物海运抵达上海港，只经现场查验、核对无误，就出具了检验检疫合格证明，整个检验时间至少比传统模式缩短了75%以上。"空检海放"试点的进口婴幼儿配方奶粉到岸至销售的时程从55天缩短到11天，降幅高达80%。此外，玩具产业也是"空检海放"政策的受益者。上海是全国最大的玩具进口口岸，2015年玩具进口量约占全国总量的62%，全球三大玩具品牌的主要进口口岸都在上海。自"空检海放"政策落地至2017年4月，上海局共监管放行2299.4万件玩具，货值1.46亿美元。以乐高玩具为例，试点"空检海放"后，企业进口玩具到岸至销售的时间，从原来的10天缩短到1天，降幅高达90%。

2. 天津自贸区

通过"空检海放"，可以减少重复检验工作，将原本需要2个月的检验时间减少至在7个工作日内完成，极大缩短了海运进口食品的通关时间。该制度实施以来，主要对婴幼儿配方乳粉商品进行了"空检海放"。其中，经机场口岸检验进境货物共计11批、5460美元、0.42吨，检验合格后，经海港口岸放货物共计11

批、310 万美元、257 吨。

3. 福建自贸区

"空检海放"模式下,海运婴幼儿乳制品只需不到 1 周就能完成通检,相比原来至少要 1 个月快捷了很多。

(五) 法律问题

该措施不涉及相关法律问题,但是质检总局有必要制定统一的"空检海放"监管规则。

(六) 推广建议

该措施符合国际贸易通关便利化改革方向,有利于中国开放度的提高,建议在全国海关尽快推广。

第四节　进口研发样品便利化监管制度(上海、天津)

(一) 内容概述

对研发科技创新类型企业进口的研发用样品采取合格假定,信用放行的监管新模式,对产品实施风险分类监管,简化出入境办理手续,实施事中事后监管。比如,进口研发食品化妆品样品,基本做到报检当天放行。主要涉及质检总局等部门。

（二）实施情况

1. 上海自贸区

上海质检局通过出台《科技创新型企业进出口化学试剂管理规定》，针对小批量进出口化学试剂、样品等商品，创新采用"合格保证＋风险评估＋事后监管"管理模式——在产品风险分级的基础上，对低风险化学试剂类产品以事后监管为主，口岸原则上不再实施查验。此后，上海国检局又推出"24 条意见"支持自贸区的进一步发展，针对研发样品，推行"十检十放、通报通放、快检快放、即查即放、少检多放"等监管措施。

2. 天津自贸区

天津检验检疫局出台了《中国（天津）自由贸易试验区进口用于检测或试用的食品、化妆用品样品管理办法（试行）》。建立了进口检测、研发及企业自用食品、化妆品样品的监管新模式，优化检验检疫流程，减少抽样、检测环节，加快通关速度，降低企业成本，促进自贸试验区研发、检测产业聚集和发展，满足自贸试验区企事业单位食品、化妆品进口检测与自用需求。截至 2017 年 4 月，共计接受检测样机进口样品申请 21 批次，总计重量为 6034 千克。

（三）创新性

由传统的"事前产品信息登记 + 口岸抽查检验"监管模式转变为"合格保证 + 风险评估 + 事后监管"管理模式——在产品风险分级的基础上，对低风险化学试剂类产品以事后监管为主，口岸原则上不再实施查验。

（四）实施效果

在自贸试验区创新政策出台之前，研发用样品的入关审批手续及相关单证要求较多，从机场到实验室的时间基本要两周以上。而且，进口研发样品还与传统大宗贸易货物有很大不同——种类多、量少、来源广、重复性差、频次高、时间性强，且全部在实验室消耗掉。但每进口一个新的微量的样品，都与大宗贸易货物一样，需要准备和出具很多资料、花费至少两周左右的时间才能完成清关流程。

在新监管制度下，对于获得自贸试验区海关的"服务外包保税监管试点企业资格"认定的企业，可使用海关的"保税研发系统"，简化了进口样品通关审批流程和提交的单证要求。实现了企业运营数据的自动比对，海关对化学药剂药品的放行和文件的报批可以同步进行，使得进口样品从机场到实验室的时间缩短50%以上，快了1倍。大部分的样品只需要3—5天即可到达实验室。此外，由于采用了该系统，通过相关核销程序，使进口研发耗材得以以保税状态进行核销，无须缴纳使用过程中的海关进口环节税，研发耗材的综合进口成本节约了近1/4。

（五）法律问题

该措施不涉及相关法律问题，但是质检总局有必要制定统一监管规则。

（六）推广建议

该措施符合国际贸易通关便利化改革方向，有利于促进研发类总部公司在中国设立研发中心，建议在全国尽快推广。

第五节　海事集约登轮检查制度
（上海、天津、福建）

（一）内容概述

整合海事执法力量，实现一站式登轮检查，对海事部门涉及的各类检查项目，做到能够不登轮检查的不再登轮检查，必须登轮检查的事项，一次完成海事监管所有执法检查。主要涉及交通运输部等部门。

（二）实施情况

1. 上海自贸区

为了解决多次登轮问题，集约登轮检查制度通过智能选船系统做到被检查对象和选派执法人员"双随机"，推行"登轮告知单"（写明了需要检查哪些项目，避免了随意性，例如各类船舶证书的有效性，"通常情况下，对于外籍货轮检查，检察官要查什么证书，船员就去拿什么证书，有了告知单，船长可以明白需要准备哪些材料"），做到能够不登轮检查的不再登轮检查，"必须登轮检查的事项，一次完成海事监管所有执法检查"。与此同时，实施港口国监督特别管理措施，推行船长告知书制度，在船舶进港前事先告知船方该港口海事监管要求，降低船舶滞留率，进一步便利港航企业，使国际干线集装箱船舶对港口海事监管水平满意度进一步提升

2. 天津自贸区

在天津口岸率先出台《天津口岸国际航行船舶联合登临检查工作机制配合办法》，同时在该办法中创新加入了《天津口岸国际航行船舶联合登临检查互助指南》，推动交通运输部、公安部、海关总署、质检总局联合发布《关于建立国际航行船舶联合登临检查工作机制的通知》。同时，《天津口岸国际航行船舶联合登

临检查互助指南》探索建立起一套完备的国际航行船舶联合登临检查工作机制，进一步强化了多方合作力度，实现执法互助，能够有效优化检查工作流程、规范业务办事模式，提升工作效率，解决一线实际问题，降低行政相对人成本，创造更大的社会和经济效益，具有非常重要的实践意义。另外，天津口岸的"单一窗口"二期建设也在加紧进行，未来，通过"单一窗口"，平台将大大加强四家口岸查验单位的协作沟通，提高天津口岸实施联合登临检查的工作效率。

3. 福建自贸区

为提升海事事中事后监管能力，服务福建自贸试验区建设发展，福建海事局于 2015 年 4 月就全国首创推出实施"海事现场综合执法机制"创新举措，将原分属海事机构不同内设部门的对海事监管对象的各类业务检查，交由一个海事现场执法组一次性完成。主要做法如下所示。

一是建立工作机制。福建海事局于 2015 年 4 月研究出台了《福建海事局现场综合执法工作机制》，在全国海事系统率先创新建立海事现场综合执法工作机制，系统化地优化海事现场执法工作机制；于 2017 年 1 月 24 日印发了《福建海事局现场综合执法组织指导意见》，对综合执法组织职责、分类、考虑因素及规范管理等提出有关意见，进一步提高执法任务安排的科学性、公平性。

二是规范执法行为。率先在全国海事系统编制实施海事类《现场综合执法检查参照标准》（以下简称《标准》），内容涵盖所有海事现场监管内容，并依托移动信息技术，在海事现场执法中实现随时查询所有海事执法依据的辅助功能，提高现场综合执法的规范性、准确性。各海事处根据《标准》进一步明确现场检查项目名称、检查对象、检查内容及要点、现场处置要点、工作依据、职责权限，以及现场综合执法责任网格、执法方式、控制程序、信息流转等管理要求，明确现场综合执法信息化支撑、运行制度设计要求；真正实现现场综合执法的现场综合、业务综合、能力综合、管理综合"四综合"。

三是优化执法方式。现场综合执法工作机制打破海事原有的固定部门岗位管理模式，根据科学合理的人员调配，建立多个海事现场执法组，将原分属海事机构不同内设部门的对海事监管对象的各类业务检查，交由一个海事现场执法组一次性完成，通过任务集中和人员集中，避免对监管对象的重复多次检查，确保有重点、讲兼顾、多手段做到24小时全天候和辖区全覆盖，有利于减轻企业负担，节省执法资源，提高执法效率。

四是创新工作模式。率先在全国海事系统创新性推行窗口业务办理、动态信息掌控、值班应急指挥一体化的海事处"值班窗口"新模式。通过"值班窗口",根据辖区每天的信息收集情况,选取检查对象,创建检查任务并指派现场执法组,现场执法组根据指派信息开展检查工作,第一时间将检查结果上传反馈,做到了现场执法全过程可控、有记录。打破原有一周5个工作日的传统工作时间模式,创新建立全年常态化、周期性轮班执法执勤工作模式,实现全天候执法,持续保障辖区水上人命财产安全。

五是强化技术支撑。率先在全国海事系统研发、使用海事现场综合执法信息化系统,为执法人员配备与全局信息平台对接的现场综合执法单兵信息化设备终端,改变传统执法"单一＋人工"模式,依托最新移动网络信息化技术,推行现场综合菜单式管理、领导带班制度、弹性工作制度和推进工作记录电子化,实现执法资源科学统筹管理,执法任务菜单化、电子化、立体化派发,执法过程全景化、可视化、规范化,执法信息数据资源全局化共享,现场综合执法信息化水平大幅提升。

(三)创新性

以往国际航行船舶的现场监管部门主要包括海事、海关、检验检疫和边检四家查验单位。各单位针对船舶安全状况、货物、疫情和人员的检查内容不同，均有国家赋予监督管理的职责。这同时也造成了船舶现场执法力量需求较大，检查内容重复，检查次数频繁等客观问题，不利于中国目前经济发展和经济体制改革的进行。此次联合登临检查机制是落实"三互"（信息互换、监管互认、执法互助）推进口岸大通关建设的重要举措，在口岸建立执法互助的行政互助机制，从而可以使各部门联防联控，共同合作，利用各自的优势，经常通报相关情况和问题进行共同的联合执法，提高执法工作效能。上海海事局还开展进一步创新，通过微信技术、便携移动打印技术和无线连接技术（蓝牙、WIFI、NFC 等）的有效结合，实现登轮告知单实时现场打印。

（四）实施效果

1. 上海自贸区

该制度试行以来，共采用集约式登轮检查方式1900 余艘次，有效降低了海事现场检查对船舶营运可能产生的影响，提高了自贸区港口运营效率。海事创新举措有效节省了船方陪同检查所花费的时间和精力，使执法过程更为公正透明，最大限度地提高了国际贸易运输便利化程度，显著提高了自贸试验区港口运营效益。例如，中远海运"比利时"号船长陈雷辉在接受澎湃新闻采访时表示，在洋山港实行集约登轮检查后，平均每次在洋山港停靠可以节约2—3个小时，相当于每次节省15万元左右。

2. 天津自贸区

2017年2月13日，东疆海事局召集东疆海关、东疆出入境边防检查站和东疆检验检疫局3家联检单位对国际航行客船"地中海抒情"轮开展了联合登临检查。这是《天津口岸国际航行船舶联合登临检查工作机制的联合办法》2017年1月1日正式生效施行以来的首次实践，4家联检单位坚持依法、高效方便船舶，分工合作的原则，同时登船，联合检查，有效降低了多部门重复，登临检查船舶，减轻了船舶运行者的负担，进一步提高了国际航行船舶出入境检验效率，实现了船舶的快速通关，得到了船方的高度赞赏。3月10日东疆海事局联合东疆海关、东疆出入境边防检查站、东疆检验检疫局共4家查验单位，对东江太平洋国际集装箱码头停靠的一艘货轮开展了联合登临检查。这是继天津口岸国际航行船舶联合登临检查工作机制启动以来，首次针对货轮实施检查。东疆海事局积极协调东疆海关、东疆出入境边防检查站和东疆检验检疫局，在检查前共同商议确定了联合登临检查的工作流程和重点，检查中互相协作，顺利完成了联合登临检查工作，达到了预期的效果。

3. 福建自贸区

海事现场综合执法机制自实施以来，取得了多方面的显著成效。一是便利企业办理业务。实施海事现场综合执法机制后，使得行政相对人随时都可以就海事相关的任何急难险事向海事处值班窗口反映，为行政相对人提供了更多便利。二是节约企业经营成本。实施海事现场综合执法机制后，所有需要开展的海事现场监管项目由一个执法组一次性查完、查到位，大幅度减少了海事管理机构对监管对象的重复检查，船舶接受海事检查次数平均降低了70%，总的受检时间平均缩短了50%，有效提高了自贸试验区船舶、货物进出港效率，节约了企业成本。三是强化事中事后监管。通过执法模式创新，打破基层海事处原有固定岗位管理模式，组建执法组，综合履行辖区内所有现场执法业务，强化事中事后监管能力。四是提高海事执法效率。根据《标准》开展检查，提高检查的针对性和效率性；借力海事现场综合执法信息系统，实现海事执法信息在全局层面的全面共享，大幅提升监管信息化水平，提升执法效能。五是形成可复制推广经验。交通运输部海事局2016年9月28日在福建厦门召开全国海事系统"革命化、正规化、现代化"建设现场推进会，集中展示和重点推介了福建海事局海事现场综合执法机制的成功经验；2017年2月24日，根据福建海事局海事现场综合执法机制的推进成果，颁布《海事现场执法工作规范》（海政法〔2017〕63号）并印发全国海事系统遵照执行。

（五）法律问题

本项创新成果不涉及调整法律法规相关内容。

（六）推广建议

海事集约登轮检查制度已经在上海、天津和福建3个自贸区实施，效果显著。同时，海事现场综合执法机制已在福建省全省范围内的直属海事机构复制推广，取得了良好的工作成效。该措施推广成本较低，能够快速有效地复制推广、组织实施，建议在全国范围内复制推广。

第六节　身份统一认证，企业申报"一卡多证"（上海、广东）

（一）内容概述

针对企业通过国际贸易"单一窗口"进入不同部门的信息系统后，仍需申请不同的密钥（U盾）、分别认证身份后才能申报的问题，在进入国际贸易"单一窗口"环节，实行一卡多证，身份统一认证。主要涉及国家口岸办等部门。

（二）实施情况

1. 上海自贸区

自 2014 年 2 月启动试点以来，上海国际贸易"单一窗口"目前已经建成 3.0 版，为了简化企业用户向口岸监管部门申报时使用不同介质、分别认证的烦琐操作，进一步提升"单一窗口"服务质量，2016 年 5 月 18 日，国家口岸办正式发文要求上海率先开展国际贸易"单一窗口"统一认证试点，推动"统一认证、统一界面、统一标准"。

为保障试点工作顺利推进，国家层面成立上海"单一窗口"一卡多证试点工作协调推进组，由国家口岸办、质检总局通关司、中国电子口岸数据中心、质检总局信息中心相关人员组成，指导上海市口岸办开展试点工作；同时成立试点工作组，由上海市口岸办牵头协调上海海关、上海检验检疫局、上海电子口岸等单位，共同落实试点工作。目前，"单一窗口"相关系统改造和试点各项准备工作正在紧张有序进行。

2. 广东自贸区

前海蛇口自贸片区"单一窗口"整合地方政府、口岸监管单位和招商局集团数据资源，着眼于国际贸易全产业链运作需求，着重拓展贸易、物流、金融、行政许可等服务，初步实现商流、物流、信息流和资金流"四流合一"，实现"通关＋物流＋金融"功能，打造前海"单一窗口"3.0版本，建立全流程服务模式。

（三）创新性

1. 上海自贸区

试点工作将在上海国际贸易"单一窗口"现有应用基础上，率先实现货物申报领域身份认证的"一卡多证"，即将现有海关、检验检疫部门的货物申报企业身份认证集成到一个介质上，为进一步将"单一窗口"上更多的身份认证集成到一个介质上提供经验。

2. 广东自贸区

第一，建立市场化建设运营机制，形成系统可持续性发展模式。理顺政务服务和企业服务边界，通过政企合作，创新合作服务模式，解决国内"单一窗口"面临的政府持续投入成本高、运营团队配置不足、企业服务响应不及时等问题。第二，打通政务系统和企业系统，建立全流程服务模式。充分发挥政府政策引导优势和招商局信息数据资源优势，进一步整合"单一窗口"和企业系统，通过企业充分参与，不断提高"单一窗口"功能完整性，吸引越来越多的企业应用"单一窗口"，实现在一个系统平台上完成进出口全模式业务，营造更加便利的营商环境，建立更加规范的行业标准，充分发挥"单一窗口"促进贸易便利化的社会效益，形成国际贸易"单一窗口"特色优势。第三，突出"一带一路"和跨境金融服务。充分发挥招商局"一带一路"产业优势和金融优势，突出"单一窗口"的"一带一路"服务和跨境金融服务特色，通过与"一带一路"沿线国家港口信息联网，逐步建设形成具有"一带一路"信息联网服务、跨境金融服务、国际贸易单证互认机制的"单一窗口"系统。第四，通过企业充分参与，提升"单一窗口"操作友好性。通过企业参与建设运营"单一窗口"，更关注和解决企业使用"单一窗口"过程中面临的系统界面易用性不高、流程烦琐、服务响应慢等问题，避免企业使用"单一窗口"后操作效率大幅下降现象。

（四）实施效果

1. 上海自贸区

积极参与国家口岸办"统一认证"工作框架下"一卡多证"试点，继续做好自贸区"一站式"申报与服务工作。2016 年，企业通过"单一窗口"实现船舶申报 2.1 万艘次，进出口货物申报 401.4 万票，2015 年同期仅为 12.8 万票，工作推进成效显著。另外，该措施推进了系统集成，减少了通关环节。实现企业通过"单一窗口"一次性提交申报，"一站式"办理；监管部门通过"单一窗口"反馈办理结果，共享数据信息，为口岸管理部门"信息互换、监管互认、执法互助"提供了支撑。

2. 广东自贸区

通过地方政府、监管单位、港口集团合作建设，资源共享，优势互补，建立了全流程服务模式。第一，系统通过整合监管单位申报系统和企业服务系统，实现在一个系统上完成所有口岸通关申报和企业服务。第二，系统提供所有口岸监管单位运输工具及旅客名单申报服务。第三，提供所有口岸监管单位查验、放行、卫生检疫等通关指令联网服务。第四，提供海关、国检、海事海运舱单申报服务。第五，提供海关报关单申报服务。提供国检报检单申报服务。第六，提供海事危险品申报服务。第七，提供港区集装箱货物查验监管服务，能通过电子关锁、GPS、箱号识别、电子卡口等技术手段实现集装箱拖车跨监管区途中监管。第八，正在建设跨境金融服务、"一带一路"港口信息联网服务。

（五）法律问题

本项创新成果不涉及调整法律法规相关内容。

（六）推广建议

该措施推广成本较低，能够快速有效地复制推广、组织实施，建议在全国范围内复制推广。

第四章　工作机制性贸易便利化改革之二

第一节　会展检验检疫监管新模式
（广东、福建）

（一）内容概述

简化审批手续，对报检单位登记备案、出入境特殊物品卫生检疫审批、口岸卫生许可、进境（过境）动植物及其产品检疫审批等检验检疫审批项目，实行网上申请和审批。创新展品监管措施；对需办理强制性产品认证（CCC 认证）的产品实行"入区登记、展后区别监管"的监管方式，无须办理《免于办理强制性产品认证证明》。会展结束后，退运出境的展品采取复出核销的便捷措施，销售、使用的展品按照强制性产品认证的有关规定办理。实施场馆集中查验，改口岸查验为场馆集中查验，对入境展品实行口岸核证直接放行。主要涉及质检总局等部门。

（二）实施情况

1. 广东自贸区

按照"科学发展，先行先试"原则，广东检验检疫部门创新国际会展检验检疫监管服务措施，有力促进了辖区会展业快速健康发展。根据《国家质检总局关于支持广东国际会展业发展的意见》和《广东省进一步促进展览业改革发展实施方案》，广东检验检疫部门进一步优化入境展品的检验检疫监管措施，制定相关工作规范。建立入境展品简化备案审批、场馆集中查验、展后核销退运的"前中后"闭环监管体系。主要做法如下：一是为重要展会设立专门的工作机构，展会现场配套业务办公场地，并配有检疫处理室和展品监管仓。二是开通报检、查验、强制性认证产品免办、许可审批四条"绿色通道"，设置专门的展品办理窗口。三是通过网站、微信、宣传册等渠道帮助主办方及参展商提前熟悉法规要求，做好参展准备；在展馆现场提供"一站式"服务，开通会展业务咨询专线。四是开设入境参展人员礼遇通道，凭相关证明优先办理出入境检验检疫手续，对入境参展人员携带物品实施"速查速放"。

2. 福建自贸区

福建检验检疫局发布《中国（福建）自由贸易试

验区外经贸会展"港馆联动"检验检疫管理规定》，对自贸试验区内举办的外经贸展会及进境展品、参展企业创新实施"港馆分线、港馆联动"模式，港口（区）一线以现场快速检疫为主，展馆（区）实施集中查验监管和以风险监测为主的质量安全管理，并对保税展示货物、涉及3C认证展品、参展的预包装食品和化妆品给予相应参展便利，简化事前审批，加强事中、事后集中监测监管。厦门检验检疫局发布《厦门检验检疫局出入境展品检验检疫监督管理办法》（厦检通〔2016〕195号），对出入境展品建立了一整套包括风险评估、分级管理、快速放行、现场监督和后续监管的管理措施，确保展品便捷通关、有效监管。对重要展会的入境展品可免予检验。简化展品审批和备案手续，对重要展会的进境动植物及其产品、动植物源性食品、特殊物品等需要办理检疫审批的展品，由厦门检验检疫局办理检疫审批手续，报质检总局备案；需要由质检总局特许审批的，予以快速预审。对重要展会的入境预包装食品、化妆品，免予加贴中文标签和抽样检验。对其收发货人可免予备案。对重要展会设置专门的办理窗口、即到即报，在展会现场提供"一站式"检验检疫服务，实现快速通关。

（三）创新性

1. 广东自贸区

第一，减免备案手续，对强制性认证范围内产品，凭参展证明，直接实行登记管理，简化强制性认证产品免办手续。对入境预包装食品、化妆品等展品，免予加贴中文标签和抽样检验，对其收发货人免予备案；简化外贸证单，对于已经深加工可消除动植物疫情传播风险的动植物产品及动植物源性食品，报检时免予核查输出国或地区的官方检验检疫证书；对于展后复出境的展品，减免不必要的随附证明文件。第二，改革创新查验和核销模式，设立检验检疫集中监管仓库，对入境展品实行集中查验。在展览会举办期间，现场提供"一站式"服务，为参展企业、客商，全程提供政策咨询等服务；并与主办方通力合作，对入境展品实施后续监管处理措施，确保检验检疫工作质量。第三，简化检验检疫审批流程，对于出入境特殊物品卫生检疫审批、进境（过境）动植物及其产品检疫审批等检验检疫审批项目，实行网上申请和审批，实施"一次审批，多次核销"。并取得质检总局支持，将出入境特殊物品、进境动植物及其产品、动植物源性食品等展品的检疫审批由总局下放到各直属局或驻区检验检疫机构，缩减审批流程，提高展品通关效率。第四，推进国际展会"单一窗口"建设，积极推进广州国际展会"单一窗口"建设，推动国际展会参展企业、运营企业和监管部门之间信息的互联互通。通过"单一窗口"，实现了国际展会业务"一点接入、一次申报、部门联办、一点反馈、信息共享"的监管模式和申报无纸化，提高展品通关效率。

2. 福建自贸区

将"馆"视为"港"，在"馆"内实施原在港口应实施的检验程序，突破原有的"港"的概念。同时，对保税展示货物、涉及 3C 认证展品、参展的预包装食品和化妆品简化事前审批，以展间和展后的集中监测监管为主。

（四）实施效果

1. 广东自贸区

目前会展检验检疫监管新模式已在广东省内复制推广，取得良好的实施效果。一是加快通关速度。新模式下强制性认证范围内产品和入境预包装食品、化妆品等展品，流程平均可缩短 2—3 天，生物制品卫生检疫审批时限由原 20 个工作日缩短为 10 个工作日，对良好信用企业缩短为 5 个工作日，最快仅需 2 个工作日，审批效率提升 4 倍。入境展品由码头分散查验改为监管仓集中查验，实现即到即查即放。二是提高行政监管效能。实施新模式以来，截获疫情 219 批次，多次查获肉制品、橄榄油、葡萄酒、格拉巴酒、乌冬面等不合格食品及有安全隐患赠品，有力保障了展会的顺利举办和入境展品的质量卫生安全。三是促进国际会展业快速发展。一系列科学监管及通关便利措施服务展会取得明显社会效益，2016 年第 119 届广交会共有来自 210 个国家（地区）的 19 万境外采购商参展，境外参展企业 610 家，比 2007 年刚设立进口展区时增加了 94.17%。

2. 福建自贸区

一方面，加快"港"区通关速度，不开箱查验，只做现场快速检疫，保障便捷通关；另一方面，实施"馆"区集中查验监管和以风险监测为主的质量安全管理，允许展品先上架展示、有问题实施召回，减少环节、加快速度。这些措施已在 5.18 海峡论坛、6.18 海峡项目成果交易会、海峡两岸渔业博览会、第十三届农交会、第 95 届全国糖酒会等展会期间实施，共对酒类、休闲食品等展品实施了"港馆联动"检验检疫监管模式，平均每批次节约通关时间约 1.5 天。

（五）法律问题

根据《强制性产品管理规定》（质检总局令第 117 号）第四十二条规定："仅用于商业展示，但不销售的产品"的生产者、进口商、销售商或者其代理人可以向所在地出入境检验检疫机构提出免予办理强制性产品认证申请，经批准取得《免予办理强制性产品认证证明》后，方可进口，并按照申报用途使用。《国家质检总局关于印发〈支持广东国际会展业发展的意见〉的通知》（国质检通〔2012〕3号）中对3C入境展品的描述是"对强制性认证产品，简化3C认证产品免办手续，凭参展证明，对3C认证范围内产品实行登记管理"。如果在全国推广强制性产品认证目录内展品无须办理《免予办理强制性产品认证证明》的做法，应该对《强制性产品管理规定》进行相应的修订。

（六）推广建议

该试点措施具有创新性，建议在全国范围复制推广。下一步应注意以下事项：一是由地方展会主管部门牵头，完善国际展会"三互"合作，建立联合执法监管机制，共享展会备案信息、展品清单和退运核销信息，开展联合查验和共同项目结果互认。二是进一步完善"单一窗口"相关申报、反馈、放行等功能的建设，提高工作效率。三是实施集中查验后，需在会展场馆内设立符合条件的检验检疫工作区域，并配备相关查验设施。

第二节　进口机动车检验监管新制度
（广东、天津、福建）

（一）内容概述

在口岸监管区布局汽车检测线，配套信息化管理系统、视频监控系统，并与检验检疫业务公共服务平台无缝对接，对进口机动车实现闭环监管，在申报、验证、监管、放行等环节，做到随到随报、随报随检、随检随放。对进口机动车实施"入区报备、出区检验、后续监管"和"合格保证＋符合性评估"的检验监管模式，采信第三方检验机构检测结果，综合实施合格评定，实现"检管分离"。支持汽车平行进口试点企业，在指定口岸建立仅进行标准符合性整改的整改场所，并在该整改场所内进行3C认证工厂检查。依托检验检疫业务公共服务平台，进口机动车同步在线出证，检测结果通过信息系统即时反馈，实现当天检验、当天拟证、当天放行。推出进口机动车智能监管及质量溯源功能，向购买平行进口汽车的消费者提供车辆基本信息、外观、检验结果等质量安全信息的溯源查询服务。主要涉及质检总局等部门。

（二）实施情况

1. 广东自贸区

在码头监管区合理布局汽车检测线，口岸一线配套相应的信息化管理系统、视频监控系统，与检验检疫业务公共服务平台无缝对接，准备到港的车辆信息可以第一时间上传至检测线，车辆落地即可安排上线检测，检测结果通过信息系统即时返回检验检疫部门。对进口机动车检验监管工作实施"入区报备、出区检验、后续监管"的管理原则和"合格保证＋符合性评估"的检验监管模式，采信符合条件的第三方检验结果，实施综合合格评定，实现"检管分离"。在监管现场安装视频监控系统，实现从卸载、堆放、检验检疫、检测线检测等全过程视频监控，监管人员可实施远程监控，随时调阅检测环节每个工序的情况。

2. 天津自贸区

出台了《中国（天津）自由贸易试验区平行进口汽车检验监督管理规定（试行）》。天津对外发布了《天津出入境检验检疫第三方检验检测鉴定机构结果采信管理规定（试行）》《天津检验检疫局关于对进口机动车实施检验结果采信的公告》。实施"第三方检验结果采信制度"，对于自贸试验区内法定检验的进出口货物，凭检验检疫部门采信的第三方检验检测鉴定机构的报告结果验证放行，不再对货物实施抽样检验。

3. 福建自贸区

福建已在自贸试验区福州片区江阴整车进口口岸实施。福建检验检疫局通过梳理汽车整车进口检验检疫业务流程和环节，实现进口环节到售后环节的闭环监管。一是全国首创对非中规车实施"分线管理＋验证整改＋事后监管"检验检疫监管模式，在风险评估的基础上，对进口汽车实施分类管理，严格实施进口汽车事中、事后监管，实现在境外集中改装、区内辅助整改，改变了过去需要境外整改方可入关的模式。二是创新采信第三方检验结果，在对第三方检验检测机构能力认证基础上，对机动车全过程检验部分项目采信第三方检验结果，保证进口汽车全过程检验质量，提升检验监管效率，提高通关时效。三是全面推进微信预约检验检测服务，开展驻点检验试点工作，对检验合格车辆相关单证实现零等待发放，力促进口汽车口岸通关时效再提升。四是开通进口汽车检验检疫绿色通道，为进口汽车提供优先受理报检、优先检验检疫服务，对进口汽车业务实行"5＋2""白加黑"预约加班服务，确保进口汽车快速通关放行。五是深化检验检疫政策服务，为天津、大连等国内各大进口商进驻江阴口岸提供政策咨询。

（三）创新性

1. 广东自贸区

一是依托检验检疫业务公共服务平台，在申报、验证、监管、放行等环节对进口机动车实现闭环监管，进口机动车同步在线出证，检测结果通过信息系统即时反馈，做到随到随报、随报随检、随检随放。二是实施综合合格评定，采信第三方检验结果，实现"检管分离"，充分利用社会检测资源，提高进口汽车的通检效率。三是推出进口机动车智能监管及质量溯源，向购买进口汽车的消费者提供车辆基本信息、外观、检验结果等质量安全信息的溯源查询服务。

2. 福建自贸区

福建自贸试验区福州片区江阴整车进口口岸"分线管理＋验证整改＋事后监管"检验检疫监管模式属于全国首创。报检环节采用通过查验作业微信预约平台预约查验，改变了原来的现场预约查验模式，汽车进口商无须到场即可预约查验；检验环节创新采信第三方检验结果、驻点检验、开通绿色通告等方式，优化了检验监管模式，简化了报检流程，为企业节约了通关时间；全国首创改装环节，对非中规车实施"分线管理＋验证整改＋事后监管"检验检疫监管模式，改变了过去需要境外整改方可入关的模式，使江阴港成为全国首个允许开展进口汽车辅助整改的口岸。

（四）实施效果

1. 广东自贸区

第一，加快通关速度、降低企业成本。检验检疫手续从过去的 3 天缩短至 1 天，实现当天检验、当天拟证、当天放行，节约仓储时间 2 天、每天费用 15 元/辆，减少移车费用 15 元/辆。第二，提升监管效能，维护消费者权益。已形成覆盖事前风险评估、事中过程监管和事后三包召回的进口汽车质量安全监管体系，努力在提升自贸区贸易便利化水平的同时做好宏观质量安全监管，保护消费者合法权益和人民群众生命安全。第三，促进进口汽车产业快速增长。2016 年南沙口岸前 4 个月汽车进口量已超过 2015 年全年进口总量，2016 年进口汽车 7518 辆，货值 2.98 亿美元，同比分别增长 3.57 倍和 3.75 倍。深圳口岸通过保税仓储方式申报的汽车 26 批，共 254 辆，货值 781.2 万美元，均为平行进口汽车。

2. 天津自贸区

该制度实施以来，获得了平行进口机动车资质的 35 家试点对象（试点平台 5 家，试点企业 30 家），共计平行进口机动车 24943 批，64864 辆。该制度实施以来至 2006 年 12 月底，共涉及进口汽车 44711 批次，

406871 辆，184.6 亿美元，为企业节省检测费用约 4000 万元。

3. 福建自贸区

避免了汽车经销企业要到国外进行进口车整改，大大节省了企业经营成本，大幅提升了汽车口岸通关效率，整车进口实现由 4—6 个工作日缩短到最快 1 个工作日内通关放行，效率居国内各整车口岸前列，可为每辆进口车节省 1200 元的运营成本，有力推动了整车进口业务的繁荣发展。2015—2016 年，江阴整车进口口岸进口整车 12198 辆，居全国口岸第 6 位、新批 13 个口岸第 2 位。

（五）法律问题

进口机动车检验监管新制度暂不涉及需要调整法律、行政法规、国务院文件和经国务院批准的部门规章。

（六）推广建议

建议在全国范围复制推广。今后应加强部门联动，由地方政府牵头，加大对平行进口汽车试点企业的日常管理，要将售后服务保障能力和合规整改能力作为试点企业的重要准入门槛，有效控制风险，切实保障消费者合法权益。

第三节 "进口食品检验前置"监管模式(广东、福建)

(一) 内容概述

允许进口食品企业在产品装运前,自愿委托境外有资质的检验机构按照中国食品安全标准的要求,对拟出口到我国的食品进行检测,境外检验机构需经检验检疫部门考核并通过信息系统对接,实时将相关抽样、检测及监装等信息通过检验检疫业务公共服务平台传递给检验检疫机构。货物到港后进口商向检验检疫机构提交境外检验机构出具的检测报告,经审核和查验符合要求的,检验检疫机构通过信息平台实时核销,即可实施快速验放。主要涉及质检总局等部门。

(二) 实施情况

1. 广东自贸区

企业本着自愿的原则,在食品进口前委托符合资质要求的境内外第三方检验机构进行检测。境外检验机构通过信息系统对接,将相关抽样、检测及监装等信息通过检验检疫业务公共服务平台传递给检验检疫机构。食品进口时,口岸检验检疫机构可将企业提交的符合要求的第三方检测报告作为进口食品合格评定要素之一，评定合格的食品可快速放行。同时，检验检疫部门按照质检总局进口食品监督抽检计划对第三方检测结果进行周期性验证，发现第三方检验机构能力不足或出具虚假报告的，严格按照相关规定进行处理，形成"采信+验证+异常处置"的闭环管理模式。

2. 福建自贸区

2015 年 4 月 21 日，福建检验检疫部门率先推出对中国台湾地区输大陆食品、化妆品实施"源头管理、口岸验放"的创新举措，在"同等优先、适当放宽、风险可控"的原则下，以强化进口企业落实食品安全主体责任为基础，以对中国台湾地区食品、生产企业质量安全保障体系的现场检查和第三方验证机构参与的日常检查为抓手，建立生产经营企业自愿性"优良供应商评定机制"，对符合要求的中国台湾地区优良食品生产企业输大陆食品实施快速验放。

（三）创新性

1. 广东自贸区

进口食品检验前置模式充分借鉴国际食品法典委员会（CAC）关于《进口食品控制系统指南》（CAC/GL47－2003）的规定，即对进口食品的控制可以前置到原产地，特别是对需要快速通关的进口食品可以实施装运前检验，进口国应当建立相应的通关程序，选择出口方主管机构或认可的第三方检验机构实施装运前检验。一是采信符合条件的境内外第三方检测机构，充分利用社会检验资源，提高监管效能；二是改变传统的货物到岸后再检验，将货物在口岸检验的环节前置到进口前，缩短货物在港时间，提升通关效率；三是对通关时限要求较高或者不适合到岸后做破坏性抽样检测的高值进口食品提供可选择的快速通道。

2. 福建自贸区

福建自贸试验区对中国台湾地区输大陆食品、化妆品实施"源头管理、口岸验放"属全国首创。在进口食品监管趋紧的形势下，以对中国台湾食品生产企业的源头管理为基础，辅以口岸抽查验证，对中国台湾地区输大陆食品实施快速验放，提高通关效率，实现了对中国台湾地区输大陆食品的快速验放，使中国台湾食品进入大陆更便捷。

（四）实施效果

1. 广东自贸区

目前该项制度已在南沙口岸进口澳大利亚葡萄酒、饮料、休闲食品等类别商品上试行。2016 年全年通过该模式共进口货物 28 批、61 种次、312.7 吨、货值402.4 万美元。相关货物在口岸的通检时间由之前的14 天缩短为现在的 3 天，为企业节约了大量的仓储和通关时间成本。

2. 福建自贸区

2016 年至 2017 年 2 月，福建检验检疫部门对 11 家中国台湾企业 3308.45 吨、908.64 万美元输大陆食品、化妆品实施快速验放，深受中国台湾企业欢迎。

（五）法律问题

"进口食品检验前置"监管制度暂不涉及需要调整法律、行政法规、国务院文件和经国务院批准的部门规章。

（六）推广建议

该试点项目已经在上海成功推广，而且目前对中国台湾地区输大陆食品、化妆品实施"源头管理、口岸验放"的创新成果已在福建省内复制推广，所以建议在全国推广。

第四节　放宽优惠贸易安排项下海运集装箱货物直接运输判定标准（福建、广东）

（一）内容概述

对 ECFA 项下的进口货物，采用验核集装箱号及封志号的方式来判定，突破了以往需提交第三方中转地海关出具的证明文件的做法。主要涉及海关总署等部门。

（二）实施情况

1. 福建自贸区

2015 年 5 月，福州海关发布第 14 号公告，福建自贸试验区在全国率先推出实施"放宽优惠贸易安排项下海运集装箱货物直接运输判定标准"，申请享受ECFA优惠关税待遇的进口货物经第三方中转时，海关通过验核集装箱号及封志号的方式判定经第三方中转货物是否符合直接运输要求。2015 年 6 月，海关总署发文将该项创新成果复制推广到其他自贸试验区。

2. 广东自贸区

推出了海关原产地管理改革，对进口符合《中华人民共和国海关进出口货物优惠原产地管理规定》（总署令 181 号）规定的自香港 CEPA、澳门 CEPA、ECFA 优惠协定项下进口货物，海关已收到出口方传送的原产地证书电子数据的货物，进口单位申报进口时免于提交纸质原产地证书；对 ECFA 项下的进口货物，可通过查验集装箱号及封志号的方式判定经第三方中转货物是否符合直接运输要求。

（三）创新性

福建自贸试验区放宽优惠贸易安排项下海运集装箱货物直接运输判定标准，为全国首创。对优惠贸易安排项下的进口货物，采用验核集装箱号及封志号的方式来判定，突破了以往需提交第三方中转地海关出具的证明文件的做法。

（四）实施效果

福建自贸区突破了 ECFA 项下进口货物经第三方中转时，需提交货物满足直接运输规则的证明文件的硬性规定，放宽了直接运输判定标准，节省了企业为获取相关证明文件而往返奔波产生的费用和时间，提高了通关效率。到目前为止，共有 1.2 万多票报关单享受该项便利措施，货值共计 38.37 亿元，税款优惠金额为 3.96 亿元。

（五）法律问题

暂不涉及需要调整法律、行政法规、国务院文件和经国务院批准的部门规章。

（六）推广建议

2015 年 5 月在福建自贸试验区试点实施，2015 年

6月起被海关总署复制推广到其他3个自贸试验区，建议抓紧在全国范围复制推广。

第五节　口岸检疫处理前置模式（福建）

（一）实施情况

入境船舶在抵港前，船舶代理通过厦门国际贸易"单一窗口"向口岸检验检疫机构申报舱单电子信息。主要涉及质检总局等部门。

（二）实施情况

发布《厦门检验检疫局关于实施海港口岸检疫处理前置和变更部分舱单申报事项的通告》（2017年第1号），2017年3月1日起检验检疫局对符合条件的入境集装箱货物实施海港口岸检疫处理前置新模式。检验检疫机构根据舱单信息判定入境集装箱、货物是否需实施检疫处理并向码头、船舶代理反馈，码头公司根据反馈指令在船舶靠港卸货时直接将需检疫处理的集装箱、货物移至检疫处理场地，并通知检疫处理公司实施处理。

（三）创新性

改变以往报检后做卫生处理的检疫监管模式，根据船舶代理提供的舱单信息提前筛选出需要做检疫处理的集装箱货物，在辖区海港口岸实施检疫处理前置。

（四）实施效果

新模式有三大优势：一是来自疫区的集装箱货物每柜至少减少一次吊箱操作，据测算每年可为在厦门口岸通关的企业节约吊箱费用1600万元，进一步减轻了企业的负担；二是加快了自贸试验区的通关效率，平均每个货柜通关时间缩短了至少一个工作日，提升了自贸区的物流周转效率及核心竞争力；三是妥善地处理了"管"与"放"的矛盾，既能"管得住"，又能"放得快"，兼顾把关与服务，有利于推进"服务型"政府建设。

（五）法律问题

该项创新成果不涉及相关法律、法规的调整实施。

（六）推广建议

该项创新成果复制推广的限制在于需要依托国际贸易"单一窗口"并建立舱单管理信息化系统，有条件的地方都可以复制推广。

第六节　进口食品优化查验措施
（广东、福建）

（一）内容概述

"进口食品优化查验"是在检验检疫部门对中、高风险食品实施严格监管的前提下，对低风险食品实施更加灵活的查验方式，并强化事中事后监管，对符合条件的企业，采取企业符合性声明、自查以及检验检疫监督抽查相结合的方式，实现口岸查验工作流程优化。主要涉及质检总局等部门。

（二）实施情况

1. 广东自贸区

实施进口食品快速放行模式，综合运用检查、检测、评估、验证、认可等各种手段对进口食品实施合格评定，对由自贸区进口的食品实施分级分类管理，按照进口企业信用记录和质量保证能力进行量化分类管理，对不同类别企业进口食品实施差别化监管，分别实施审单放行、查验放行、抽样放行、检测放行四种监管放行模式，打破批批检验的旧模式，对于负面清单外的一般风险进口食品，按照企业类别分别享受不同比例报检批次审单放行的快速通关模式。

2. 福建自贸区

厦门检验检疫局发布《中国（福建）自由贸易试验区厦门片区进口食品优化查验措施管理规定》（厦检食〔2016〕102号）。在对中、高风险食品严格监管前提下，对低风险食品优化检验监管，强化事中事后监管，积极推进"放管结合、优化服务"，完善进口食品分级分类管理的创新与实践。对符合条件的企业，采取企业符合性声明、自查以及检验检疫监督抽查相结合的方式，实现口岸查验工作流程优化。

（三）创新性

一是创新进口食品合格评定方式，突破进口食品现场查验的固有做法，通过采信企业自查结果，大幅提升通检速度，降低通关成本。二是创新进口食品分级分类管理手段，通过差异化管理和示范效应，引导企业更好落实主体责任，提升进口食品安全水平。

（四）实施成效

1. 广东自贸区

目前已实施分类管理企业500家，通过该项措施，大幅提高了进口食品检验监管效率和通关放行速度，进口食品通关时间平均缩短15天。

2. 福建自贸区

该举措2016年8月起正式在厦门自贸片区实施。

截至 2017 年 3 月底，已有 21 家进口企业通过了实施优化查验措施的资格审核，共有 612 批次、40905 吨、5289 万美元的进口食品实施了优化查验快速通关。以进口酒为例，实施优化查验措施，平均每批可为企业节省 2 天的滞港时间以及每柜数百元的码头作业费用，有力推动了厦门口岸进口酒快速增长，厦门已成为中国酒类进口重要口岸，啤酒进口量连续两年位居全国第一。进一步提高了企业通关效率。

（五）法律问题

该项创新成果不涉及相关法律、法规的调整实施。

（六）推广建议

建议在全国范围内复制推广。

第七节　检验检疫行政审批"一口受理"（天津）

（一）内容概述

将分散在各部门、各分支机构的所有行政许可事项，集中在 4 个行政审批窗口办理，主管业务职能专家在后台集中力量审核，实行"一口对外、内部高效流转、便捷快速办理"措施。主要涉及质检总局等部门。

（二）实施情况

第一，建立"三通"机制，包括通报、通审和通签。通报是指企业可自主选择四个窗口中的任一窗口办理行政审批申报手续。通审是指对行政审批项目通过信息化技术在后台统一审核、审批。通签是指企业可自主选择任一窗口办理领取证单手续。"三通"机制打破了辖区限制，满足了企业就近申报、就近取证的要求。

第二，构建"五个一"新模式。一个部门管窗口。四个"一口受理"窗口统一归法制处管理，选派业务骨干承担"一口受理"窗口工作。一颗印章管审批。启用行政审批许可专用章，分配给不同的窗口分别使用，窗口之间的印章编号不同，确保格式统一、权责清晰。一套标准办业务。制定审查细则，在四个窗口，实行一样的受理操作流程、一样的服务标准，做到统一规范、统一标准、统一流程、统一时限、统一监管。一份清单管边界。制定权力清单和运行流程图，明确每个环节的承办机构、办理要求、办理时限，并以清单形式公之于众。一套机制管监督。建立健全监督机制，定期对业务开展情况和窗口建设情况进行检查，定期轮岗；建立健全申请人评议制度，聘请社会监督员，主动接受社会监督。

（三）创新性

主要表现在以下几个方面：一是许可事项调整。取消国境口岸储存场地卫生许可，停止核发《国境口岸储存场地卫生许可证》，将国境口岸相关单位的其他卫生许可证件合并为《国境口岸卫生许可证》。二是审批方式创新。100%的特殊物品和97%左右的食品检疫审批实现了无纸化，企业无须提交纸质材料，仅需在审批系统中录入、上传相关信息、材料就可申办审批，申办成本大大降低。三是审批流程简化。食品检疫审批和动植物检疫审批获得总局授权，天津局将负责相关产品的终审，审批环节减少、流程简化。四是申请材料减少。将原来需申请单位、定点存放企业和检验检疫监管人员三方签字盖章的《进境动植物检疫核查表》替换为只需企业单方盖章的《申请表》；取消从业人员健康证明，从业人员健康证明不再作为国境口岸卫生许可的前置条件。五是审批时限压缩。所有行政审批事项受理时限由法定5个工作日缩短为"当场受理"，特殊情况不超过2个工作日；所有行政审批事项制发证时限由法定10个工作日缩短为"当场制发证"，特殊情况不超过1个工作日；特殊物品审批时限由10个工作日缩短为3个工作日；动植物产品审批时限由 20 个工作日缩短为 7 个工作日；食品检疫审批由 20 个工作日缩短为 10 个工作日。六是许可证有效期延长。特殊物品审批单有效期由 3 个月延长至 6 个月或 12 个月，食品和动植物产品许可证有效期由 6 个月延长至 12 个月。七是审批环境透明。运用微信平台、二维码、漫画册、海报机、公共邮箱、门户网站等多种服务载体公开审批事项、申请材料、审批流程、审批事项等内容，加强政策宣传和推介，并将审查、批准、监督环节分离，实施透明审批。

（四）实施效果

新的做法使审批效率更高，审批成本更低，企业满意度更大。自 2015 年 4 月 21 日天津自贸试验区挂牌至 2016 年 4 月 20 日，行政审批窗口共受理各类行政审批事项 23373 批次。

（五）法律问题

不涉及需要调整法律、行政法规、国务院文件和经国务院批准的部门规章。

（六）推广建议

该创新项目可全国推广。需注意事项有：第一，完善改造现有审批系统，开发"检验检疫局行政许可审批一口受理系统"，运用先进的信息网络技术，建立行政审批服务网络体系，开发手机 APP 等移动设备网上办事功能，通过信息化管理和行政审批数据共享，提供行政审批"一屏通"服务，增强审批工作透明度，实现网上审批和行政审批办理的规范化、信息化、高效化。第二，加强事中事后监管。综合运用诚信管理、分类管理、风险管理等措施，推行红名单和黑名单管理制度，并对黑、红名单企业实行动态调整。对红名单企业，采取激励、鼓励措施，便利企业办理审批，对黑名单企业，采取惩戒措施，严格审批材料、加强监管，建立"诚信守法便利、失信违法惩戒"的监管体系，创造一个"公开、公平、公正、透明"的环境。

第五章　技术性贸易便利化改革

第一节　"即检即放"无纸化便捷查验
模式（上海、天津、福建）

（一）内容概述

通过信息技术，优化现场查验，对查验货物的信息实现跨区域、跨部门、跨行业的数据追溯，实现现场查验无纸化、即检即放和数据共享。主要涉及质检总局等部门。

（二）实施情况

1. 上海自贸区

推广范围涉及自贸区范围内的机场综保区、洋山保税港区及外高桥保税区的总计 8 家检验检疫集中查验场站。在进境集装箱货物、木包装检疫查验的基础上，首次将进口能效标识产品、民用入境验证商品、小家电、服装、仿真饰品、食品接触产品、玩具以及一次性卫生用品等近 10 项检验监管业务纳入"即检即放"系统平台，这些新纳入的业务全部是以面向公众的消费品为核心。

2. 天津自贸区

天津检验检疫局出台了《中国（天津）自由贸易试验区进出境工业产品"即查即放"模式管理规定（试行）》《天津出入境检验检疫通关无纸化管理规定（试行）》两项创新制度。

3. 福建厦门自贸片区

"即检即放"无纸化便捷查验模式在 2015 年 4 月 21 日福建自贸试验区挂牌之日起即推行实施。检验检疫局依托"国际贸易'单一窗口'"平台及自主开发的"船舶移动检疫系统"终端平台，有效实现船舶通关申报全程无纸化、联检单位"信息互换、监管互认、执法互助"；开发应用与"船舶检疫管理信息化系统"配套的"移动检疫系统"，给船舶检疫工作人员配发移动执法终端，实现船舶检疫"即时查验、即检即放"。

（三）创新性

"即查即放"现场查验放行模式，是利用物联网、云存储等先进技术与口岸查验监管、服务外贸措施相结合的一种查验放行方式，通过手持式移动执法终端，可以实现检验检疫现场查验无纸化以及多系统一键放行（已实现与国家质检总局业务主干系统、上海口岸海港电子闸口系统的联动）。这种模式解决了监管人员和被检人员在查验现场办公区域往返奔波、查验过程无法追溯、查验结果重复录入、现场放行等候排队等问题，在规范执法把关流程的同时，又有效加快了查验放行速度。

（四）实施效果

统计显示，在这个平台上，对于货物源头、检验检测、现场查验、监管反馈等方面的信息，各方能够各取所需，发挥合力。平台还为自贸区各方提供产品质量安全、消费预警和技术法规措施变更等信息，并成为消费者的投诉反馈渠道。如通过加贴在货物表面防伪、加密的电子标签，消费者可以使用移动终端快捷方便地进行查询和反馈，为执法部门宏观质量管理和快速预警处置提供了依据。例如，福建自贸区的船舶检疫周期由原来的 0.5 个工作日缩短为 0.5 小时。

（五）法律问题

该创新属于技术创新，不涉及需要调整法律、行政法规、国务院文件和经国务院批准的部门规章。

（六）推广建议

建议有经济实力的地方尽快复制推广。

第二节　加工贸易手册管理全程信息化改革（广东）

（一）内容概述

加工贸易企业办理加工贸易手册设立至核销以及外发加工、深加工结转等各环节业务时，可通过联网数据传输、纸质单证扫描等方式申报电子数据，无须现场递单和多次往返海关，实现在线办理、在线审核、一证多用，大大简化了各业务环节的手续。主要涉及海关总署等部门。

（二）实施情况

加工贸易全程信息化改革，是深圳海关针对加工贸易监管业务进行的一项重大改革。2013 年 3 月，深圳海关率先向海关总署上报改革方案；2013 年 8 月，总署批复同意设立试点；2013 年 11 月，第一本信息化加工贸易手册制发完成；2014 年 6 月，第一本信息化加工贸易手册核销办结；2014 年 9 月 28 日，正式启动"全程信息化"，改革惠及企业近 20 万家。2015 年 12

月，已经在广东在全省范围内复制推广该改革事项。

第一，精简材料，仅手册设立环节，企业的申报资料便由原来的 26 种精简归并为 9 种，并以电子数据网上申报替代了现场递交纸质单证。改革之后，企业免去了现场申报、多次往返、重复递单之苦，海关通关现场的办事人员也由原来的日均 800 人次下降到几十人次。同时，海关还与地方商贸部门、银行以及企业端的数据传输实现了联网，企业不再需要往来多个部门申报与传递资料，实现了企业一个端口申报、多个部门共享信息、审批单证自动流转、业务办理阳光透明。第二，不仅废止了纸质申请资料，还为高管理类别、高资信企业的备案申请在审核系统内建立了绿色通道，由系统自动进行审核通过，实现了即发即过；同时还在审批系统内建立企业资信库，对原需企业备案递交的大部分资料可实现一次递交、多次使用，减少了重复性工作。

（三）创新性

该创新项目由深圳海关主动提出、主动建设、主动实施，先后分步骤实现了加工贸易手册备案信息化、核销信息化，以及嫁接通关环节无纸化，最后打通了业务链条，最终实现加工贸易业务的全程信息化。

（四）实施效果

大大简化和节省加工贸易企业各业务环节的手续和办理时间。对于深圳海关来说：一是通关高效，改革后，大部分单证实现系统自动审核"秒过"，近95％的报关单实现系统自动放行，业务办理速度显著提升，海关的作业环节由原来的7个减少为4个，业务办理速度显著提升，单项业务办理的时间缩减了70％以上。二是促进加工贸易发展，在近年来国内外贸形势并不乐观的情况下，改革试点之初选取的深圳海关隶属南头海关所辖宝安区，仅在2016年上半年，加工贸易出口总额达180.7亿美元，同比增长4.73％，高于深圳市同期水平，改革成效逐步显现。三是促使海关监管更到位。新系统的应用也使海关监管更到位，风险管理导向突出。系统实施风险式分类审核，会自动判断申报数据是否符合政策法规、贸易管制及加工贸易业务管理要求，并对风险等级进行判断再进行相应处置。四是海关内部监督也将更有效。据了解，系统将根据不同的业务类别，逐项列明需要审核的内容，要求关员一一审核确认后方能流转，避免事后推卸责任；需要层级审批的业务，系统对流转程序做出刚性限制，并详细记录相关日志，避免自由裁量权滥用。同时将非报关业务纳入系统管理，将国内购料申请、保税货物串换申请、无价值货物自行处理申请、受灾保税货物申报等原本通过纸质方式审批的非报关业务全部转为系统作业，实现网上审批流转，进一步消除了业务风险死角。

（五）法律问题

该创新属于技术创新，不涉及需要调整法律、行政法规、国务院文件和经国务院批准的部门规章。

（六）推广建议

建议有财力的地方尽快推广。

第三节　"智检口岸"平台（广东）

（一）内容概述

"智检口岸"平台包括对外的公共服务平台与对内的智检综合业务管理系统，构建了事前备案、事中采信、事后追溯的"互联网＋检验检疫"工作新模式。企业和公众可通过公共服务平台无纸化办理检验检疫业务、在线咨询或投诉，实时查询业务办理流程、实验室检验结果，发布质量信息、红黑名单等；内部可实现风险预警、第三方采信、企业分类监管、诚信管理、产品风险判别等，达到闭环监管。主要涉及质检总局等部门。

（二）实施情况

全国首创数据全开放、政务全透明的"智检口岸"一体化信息平台，实现口岸检验检疫业务信息化、智能化的有机结合，实现高效监管与服务结合，全面提升自贸试验区贸易便利化水平。"智检口岸"平台以实现通关便利化、服务企业诉求为导向，以诚信管理、风险管理为理念，以信息化、智能化为手段，通过检验检疫模式重构和流程再造，推动单证流、信息流和工作流的深度融合，采用全球疫情疫病、产品质量信息大数据云计算分析，通过线上线下大质量监管，对内建设智检口岸综合管理系统，构建全流程、全覆盖的综合性业务管理平台；对外建设"智检口岸"公共服务平台，提供信息服务和在线办事服务，共同构建了事前备案、事中采信、事后追溯的检验检疫工作新模式。同时做好内联外接工作，无缝对接质检总局 e-CIQ 主干系统，对接广州国际贸易"单一窗口"，与地方政府、口岸监管部门及口岸经营单位实现口岸信息互换共享。

（三）创新性

一是企业无须安装客户端软件，任何地点、任何时间均可通过互联网远程、免费、无纸化申报，真正实现"零纸张、零距离、零障碍、零门槛、零费用、零时限"的"六零申报"；二是平台提供业务办理"场景式服务"，企业和消费者可在线咨询或投诉、实时查询业务办理流程、查询实验室检验结果、进行个性化统计；三是检验检疫部门通过"智检口岸"进行风险评估和诚信管理，通过疫情疫病、商品质量大数据比对分析大幅度降低查验比例，实现企业分类监管、产品风险判别等"科学精准监管"；四是发布质量信息、企业和商品红黑名单、负面清单，提供技术标准服务，支持负面清单以外的商品快速通检；五是打造全球质量溯源体系，分段采集商品从生产、贸易、销售直至消费者的商品全生命周期中的海量碎片化信息，实行认证及检测业务结果互认，逐步实现全球质量信息数据"互联互通"，建立大质量工作机制；六是构建自贸区信息围网，通过互联网、移动通信设备、物联网、电子标签、GPS 设备、视频监控设备、大数据分析等现代技术手段，形成检验检疫大数据链条，实现对监管对象的自动化、智能化、精准化监管。

（四）实施效果

"智检口岸"已在市场采购、跨境电商、汽车平行进口等新业态成功应用，实现进出口物流通道和进出口业务类型的全覆盖，取得良好的实践效果。

第一，提升通关便利化水平。以企业诚信、产品风险为基础，通过"智检口岸"云计算、大数据手段分析，进行精准布控，查验比例降低90%，市场采购出口商品验放周期由2—3天缩短为16分钟，跨境电商平均通检时间为105秒。实现检验检疫全流程无纸化，企业备案、申报、放行等外部环节全部在网上实现，信用等级评定、查验布控、归档等内部环节以信息化方式衔接，通过"互联网＋公共服务"方式为企业和公众提供方便快捷、真实权威的多元服务，有效实现了"有形窗口向无形窗口，有纸化向无纸化，重准入审批向加强事中事后监管"的"三个转变"。

第二，提升检验检疫质量监管和服务效能。依托"智检口岸"平台，全国率先推出全球质量溯源体系，采信符合条件的第三方检测结果，将溯源链条延伸至境外，分段采集商品从生产、贸易、销售直至消费者的商品全生命周期中的海量碎片化信息，形成以标准、质量为核心内容的全链条、闭环式质量管理机制。检验检疫机构通过溯源体系掌握"大数据"，低风险商品快速放行，高风险商品加强监管，实现全系风控和分类管理。截至2016年年底，共对1618万件商品进行赋码，溯源商品货值达373.03亿美元，已有150万人次消费者进行溯源查询。目前南沙市场采购出口商品质量合格率较应用前提高 38.70%，跨境电商抽检不合格率同比下降 61.43%。

第三，促进外贸新业态健康快速发展。依托"智检口岸"平台，建立"线上平台＋线下监管场＋质量追溯"市场采购新业态监管模式和"在线备案、数据对接、四单对碰、质量追溯"跨境电商监管模式，形成"事前备案、事中监测、事后追溯"闭环监管，促进外贸新业态的健康快速增长。2015 年南沙市场采购商品出口 30.1 万标箱，货值 205 亿美元，同比分别增长 43.5% 和 42.1%；2016 年共计 17.63 万批，31 万标箱，同比分别上升 1.79%、2.96%。2015 年南沙跨境电商入境批次、货值同比增长超过 130 倍和 60 倍；2016 年入境批次、货值同比分别增长 2.6 倍和 2.2 倍。截至 2017 年 4 月，在广州南沙备案的跨境电商企业有 1071 家，商品 20.7 万种。吸引京东、唯品会、天猫、苏宁云商等知名电商落户自贸区。

第四，增加企业和社会效益。推动实体政务大厅向网上办事大厅延伸，网上办事大厅日均处理数据 37 万余次，年均为企业节约通检时间 500 万小时，节省费用超过 5000 万元，实施效果广受企业好评。新模式直接推动南沙港区自 2015 年新增 31 条国际航线，优良的通关环境带动南沙外贸业务快速增长，在全国外贸整体下滑的环境下，2015 年南沙区外贸进出口同比增长 18.2%，2016 年同比增长 3.8%。

（五）法律问题

"智检口岸"平台建设暂不涉及需要调整法律、行政法规、国务院文件和经国务院批准的部门规章。

（六）推广建议

"智检口岸"平台实现口岸检验检疫业务信息化、智能化的有机结合，得到社会各界的高度肯定，被王勇国务委员誉为"两化融合，智在其中"。2016 年 5 月 24 日，支树平局长在广东调研时指出"智检口岸"信息平台已具备大范围推广应用条件，要在全国推广应用。建议结合各地业务和信息化基础，加快推广应用。

第四节　国际转运自助通关新模式（广东）

（一）内容概述

建立港口码头作业信息化系统，实现与海关管理系统数据实时交换，取消纸本申报和人工审核手续，国际转运货物可无纸化申报，通关数据自动转换、对碰，系统自动审核、放行、核销，实现 24 小时全天候自助通关。该模式下，货物转驳时间由原来的 1—2 天缩短为 3—5 小时，卸船理货报告生成时间从原来的 6 小时左右大幅减少到 5 分钟左右，实现国际转运船对船作业。主要涉及海关总署等部门。

（二）实施情况

广州海关依托海港智能化信息管理系统，对国际转运货物进行流程再造，叠加无纸化申报，通关数据自动转换，系统自动审核等便利措施，以优化国际转运货物通关流程为目标，在全国海关率先推出南沙港区国际转运货物自助通关新模式。在该模式下，国际转运货物可通过无纸化申报，通关数据自动转换，系统自动审核、放行，实现 24 小时全天候自助通关。国际转运货物"即卸即装"、无缝对接，在港停留时间从原来平均 24 小时大幅缩短至 2—4 个小时，大大提高企业通关效率，降低物流成本。目前该措施已经在广东全省复制推广。

（三）创新性

通过实施国际转运自助通关新模式，实现了国际中转货物无纸化申报，系统自动审核、放行，24 小时全天候自助通关。

（四）实施效果

该模式下，货物转运时间由原来的 1—2 天缩短为

3—5 小时，卸船理货报告生成时间从原来的 6 小时左右大幅减少到 5 分钟左右，实现国际转运船对船作业。极大提高了企业的通关效率，降低物流成本。该措施也实现了 2 条国际航线同时挂靠时相互中转的"即卸即装"，24 小时全天候自助通关。转运货物在港停留时间从原来平均 24 小时大幅缩短至 2—4 个小时，大大提高企业通关效率，降低物流成本。

（五）法律问题

不涉及需要调整法律、行政法规、国务院文件和经国务院批准的部门规章。

（六）推广建议

需要与海关管理系统及码头相关信息系统对接，可推广到具备条件的相关口岸。

第五节　整车进口一体化快速通关
（福建）

（一）内容概述

整车口岸采用物联网无线射频识别技术（RFID 技术），整车进口卸港后，加贴唯一识别的 RFID 标签，通过整车监管系统与海关 H2010 系统进行信息交互，对车辆进、出、转、存全流程进行信息化、自动化监管，实现海关卡口自动抬杆、自动放行的一体化快速通关。主要涉及质检总局等部门。

（二）实施情况

目前整车一体化快速通关模式已在福州整车进口口岸全面推行，创造性地解决了提高海关监管效能和促进企业快速通关两者之间的矛盾，开创了新的监管思路，实现了进出口企业货物的快速通关模式。具体来说，实现了监管的"三化"。

一是海关监管流程信息化。通过应用 RFID 技术，每辆进口整车拥有了唯一的"身份证"，同时结合整车进口物流监管系统，实现了对进口整车的一对一管理，车辆的进、出、转、存全程有迹可循，系统自动对风险实现预警管理。通过这些技术支持，海关实现了高效的监管模式，为进一步提供通关便利化措施提供了坚实有力的基础。

二是企业通关过程前置化。车辆到港之前，企业可提前向整车监管系统申报车辆的有关信息，车辆到港拆箱后可直接粘贴 RFID 标签，即时进入海关监管流程，节省了申报车辆信息的过程。同时企业可采取"预审价、预审单、预归类"的通关模式，实现车辆到港前的提前申报，车辆到港后可做到 24 小时内完成监管流程并提离港口。

三是货物通关 24 小时自动化。福州整车进口口岸实现了自动化的管理，整车监管系统通过与海关通关作业系统的信息交互比对。在通关系统放行后，卡口自动识别车辆信息即可抬杆放行，实现 24 小时自助放行。

（三）创新性

福州整车口岸在全国范围内率先采用物联网无线射频识别技术（RFID 技术）。

旧模式下，海关经办关员需对每辆到港车辆手工记录包括到港时间、品牌、车型、颜色、车架号、提单号等十余条信息，同时还需在车辆到达堆场指定位置后登记其所在位置。如此过程需要耗费大量的监管资源，延长了通关作业时间。企业在办结海关通关手续后需待海关经办关员到现场逐一核对车辆信息、确认放行信息后方可将车辆驶离监管堆场。

新模式下，车辆到港信息采用信息化管理，整车监管系统自动关联、比对入场的车辆，识别其所在停车位编号，并在电脑界面上直观展示车辆所处车位、所处海关作业环节。经营企业在办结海关通关手续后可自主安排车辆提离港区时间，堆场智能化卡口在无人值守下可自动识别车辆的放行信息，后引导车辆驶出监管堆场，无须海关关员现场逐一比对放行信息，真正做到全天候、24 小时自助通关。

（四）实施效果

福州整车监管系统采用物联网无线射频识别技术（RFID 技术），对堆场内车辆实现快速定位、秒速查找，实现了在港车辆的可视化、便利化、无纸化监管，减少海关作业时间，极大提高监管效能，同时结合"预审价、预审单、预归类"的通关模式，实现进口车辆即到即放。

推行整车进口一体化快速通关制度以来，2015 年一般贸易进口各类整车 3878 台，货值 1.4 亿美元。2016 年一般贸易进口各类整车 8311 台，货值 24.4 亿美元。随着通关作业时间的缩短、通关环节的日益优化，福州整车进口口岸的品牌越来越得到经营企业的认可，共有 48 家企业在本口岸开展整车进口业务，进口车辆成倍增长，实现了由"零星式"向"常态化"发展，并逐步进入了常规发展"快车道"。

（五）法律问题

不涉及需要调整法律、行政法规、国务院文件和经国务院批准的部门规章。

（六）推广建议

建议在全国整车进口口岸推广实施。

第六节　检商"两证合一"改革（福建）

（一）内容概述

依托信息化系统，通过"系统互联互通、企业信息共享、检商执法互认"，检验检疫部门直接采信商务部门审核结果，对通过商务部门信息审核的对外贸易经营者备案企业直接授予企业原产地证企业备案资质，从而实现商务部门对外贸易经营者登记备案和检验检疫机构原产地证企业备案两项业务"一口受理、一次审核、一次发证"。主要涉及质检总局等部门。

（二）实施情况

在商务部和质检总局的大力支持和指导下，福建检验检疫局联合福建省商务厅研发的检商"两证合一"信息化系统在福建检验检疫局辖区正式运行。依托国际贸易"单一窗口"信息化系统将同步实现企业在商务部门的对外贸易经营者注册登记和在检验检疫部门的原产地证企业备案。该信息化系统彻底改变了企业多部门往返且重复提交申请资料分别办理相关业务的传统模式，进一步简化了办事环节。

在商务部支持下，国家对外贸易经营者备案登记系统自 2016 年 12 月起开始向中国（福建）国际贸易"单一窗口"开放、推送数据，福建省商务厅等部门精心筹备，编制技术解决方案，于 2017 年 1 月起在福建自贸试验区（福州、平潭片区）依托国际贸易"单一窗口"先行试点"两证合一"业务模式。

2017 年 1 月 11 日，"两证合一"系统试点应用首先在福建自贸试验区（福州片区）开展，成功实现商务部门的对外贸易经营者备案登记和检验检疫机构的原产地证企业备案"两证合一"。2 月 8 日，在中国国际贸易促进委员会的原产地证备案系统对接改造完成后，又在福建自贸试验区（平潭片区）开展试点，商务、检验检疫和贸促会首次完成三部门"两证合一"。为巩固改革成果，3 月 21 日，在福建自贸试验区（福州片区）进一步深化系统应用，实地开展一线商务工作人员的培训，提升"两证合一"系统的应用率。

具体流程为：通过"单一窗口"提出申请，商务部门办理完成企业对外贸易经营者备案登记后，"两证合一"系统实时将企业信息发送至质检总局原产地业务电子管理系统。检验检疫部门直接采信商务部门审核结果，当即授予企业原产地证备案资质，并通过"两证合一"系统实时将原产地证企业备案信息反馈至商务部门对外贸易经营者备案登记系统，由商务部门负责将原产地证企业备案信息打印在对外贸易经营者备案登记表上并向企业发放。

（三）创新性

福建省商务厅、福建检验检疫局、福建省贸促会依托中国（福建）国际贸易"单一窗口"面向全省推广实施对外贸易经营者备案登记和原产地证企业备案登记合并办理，成为全国首个依托国际贸易"单一窗口"实施"两证合一"的省份。

该系统丰富了中国（福建）国际贸易"单一窗口"的功能和内涵，首次实现跨部门业务信息实时互联互通，信息互换、执法互助，为"三互"模式开启新的篇章，将"三互"从口岸监管部门拓展至商务等对外贸易管理部门，为下一步更多的互认互信探索奠定基础。通过检商系统实现互联互通，福建检验检疫局获取辖区全部外贸企业信息在全国范围内尚属首例。

"两证合一"新模式依托信息化手段，实现了商务部门企业对外贸易经营者备案信息审查结果向检验检疫部门和贸促会原产地业务系统的快速传输，检验检疫部门及贸促会机构直接采信商务部门审核结果，当即授予企业原产地证备案资质，改变了两项登记业务由各部门分别办理、各自发证的传统模式，转变为

"一口受理、一次审核、一次发证"的新模式，简化了办事程序，大幅提高了工作效率，减轻了企业负担，达到"检商多做一点、企业少跑一点"的效果。

（四）实施效果

一是实施"两证合一"，大幅提升了企业办理两证的效率。以往企业办理对外贸易经营者备案、原产地证企业备案，需分别到商务、检验检疫、贸促部门行政窗口办理，历时 2—3 天。"两证合一"后，企业只需到一个窗口办理，立等可取，给企业带来极大便利。

二是实施"两证合一"，大幅提升了企业运用原产地政策的水平。以往，外贸企业在办理对外贸易经营者备案后，由于不了解原产地证政策，不熟悉办证流程，办证积极性不高，办证率很低。"两证合一"后，新备案企业自动获得原产地证备案，商、检、贸加强工作协同，原产地证签证机构精准对接，努力做好服务，大大提升了企业对原产地证的知晓率和运用原产地政策的积极性，增强了外贸企业的竞争力。

三是对促进福建省外贸出口回稳向好。随着"两证合一"的全面推广实施，福建原产地证备案企业数量将迅速增长。据初步估算，福建全省在已完成原产地证备案2万余家企业的基础上，将新增3万家以上备案企业。

截至 2017 年 3 月 26 日，福建自贸试验区（福州片区）成功办理 2264 家原产地证企业备案业务，其中，检验检疫局新增 1883 家，贸促会新增 2004 家；福建自贸试验区（平潭片区）成功办理 797 家原产地证企业备案业务，其中，检验检疫局新增 774 家，贸促会新增 788 家。

在试点工作取得明显成效的基础上，福建省商务厅、福建检验检疫局、福建省贸促会三部门联合部署，通过中国（福建）国际贸易"单一窗口"面向全省推广实施"两证合一"业务模式。

（五）法律问题

不涉及需要调整法律、行政法规、国务院文件和经国务院批准的部门规章。

（六）推广建议

该试点事项符合国际贸易通关便利化的改革方向，具有创新性，企业受益面广，建议在全国范围复制推广。

参考文献

Melitz，Marc J.，"The Impact of Trade on Intra-Industry Reallocations and Aggregate Industry Productivity"，*Econometrica*，2003，71（6），1695－1975.

Zaki，C.，"An Empirical Assessment of the Trade Facilitation Initiative：Economic Evidence and Global Economic Effects"，*World Trade Review*，2014，13：103－130.

李斌、段娅妮、彭星：《贸易便利化的测评及其对我国服务贸易出口的影响——基于跨国面板数据的实证研究》，《国际商务》2014 年第 2 期。

刘宇、吕郢康、全水萍：《"一带一路"战略下贸易便利化的经济影响——以中哈贸易为例的 GTAP 模型研究》，《经济评论》2016 年第 11 期。

杨军、黄洁、洪俊杰、董婉璐：《贸易便利化对中国经济影响分析》，《国际贸易问题》2015 年第 9 期。

余森杰、崔晓敏：《经济全球化下的中国贸易投资便利化研究》，北京大学中国经济研究中心讨论稿，2016 年。

谢谦，河北省容城县人，中国社会科学院研究生院经济学博士，现就职于中国社会科学院经济研究所《经济研究》编辑部，主要研究领域为国际贸易、国际金融与投资。主持"金融支持现代服务业发展的区域政策研究"社科院财贸所青年课题（2010）、"地方政府投融资平台模式与风险研究"社科院青年中心调研课题（2010）、"我国城市社会治理能力研究——以北京市为例"社科院青年中心调研课题（2013）、"中国（上海）自由贸易试验区负面清单管理模式研究"国家社会科学基金项目（2014）。发表论文有《新兴经济体参与全球价值链的生产率效应》（《财经研究》2017年第8期）、《负面清单管理模式提高了上海自贸区服务业开放水平吗?》（《国际贸易》2016年11期）、《区域货币一体化、资本流动与服务业增长》（《产业经济研究》2015年第1期）等。出版专著有《中国（上海）自由贸易区试验区试验思路研究》《中国（上海）自由贸易试验区一周年总结研究》《中国中医药产业园战略发展报告》《中国城市创新报告2013》等。